La veuve de M. Witt,

une histoire frivole

Antoine Espoir

Writat

Cette édition parue en 2024

ISBN : 9789359947648

Publié par
Writat
email : info@writat.com

Contenu

CHAPITRE I.
COMMENT GEORGE NESTON A SAUTÉ.

LES Neston, de Tottlebury Grange dans le comté de Suffolk, étaient une famille ancienne et honorable, jamais très distinguée ni très riche, mais pourtant, depuis de nombreuses générations, toujours plus riche et plus distinguée que le commun des mortels. Les hommes avaient été pour la plupart capables et honnêtes, tenaces dans leurs revendications et soucieux de leurs devoirs ; les femmes avaient respecté leurs supérieurs, exigé le respect de leurs inférieurs et éduqué les femmes de leurs frères à la manière de Neston ; et toute la race, tout en confessant ses faiblesses individuelles, aurait été perplexe de souligner comment, en tant que famille, elle n'avait pas réussi à se montrer à la hauteur de la position dans laquelle la Providence et la Constitution l'avaient placée. L'erreur, s'il y en a eu, était en effet de l'autre côté dans un ou deux cas. Le dernier propriétaire de la Grange, un vieux célibataire gay, avait méprisé les limites de ses loyers et de son compte en banque, et avait ajouté aux lauriers familiaux des victoires sur le terrain au prix de lourdes pertes pour les revenus familiaux. Sa mort soudaine avait été pleurée comme une perte personnelle, mais silencieusement reconnue comme un gain dynastique, et dix années de règne méthodique de son frère Roger avaient largement contribué à effacer les ravages de son joyeux règne. Les cadets des Neston servaient l'État ou ornaient les professions, et Roger avait mené une vie longue et utile au ministère du Commerce. Il avait été un fonctionnaire précieux et ses mérites n'étaient pas restés méconnus. La renommée qu'il n'avait ni recherchée ni atteinte, et son nom n'était que peu connu du public, ses rares apparitions dans les journaux se produisant généralement les jours où notre Gracieuse Souveraine terminait une autre année de sa vie bienfaisante, et était heureuse de marquer l'occasion en lui conférant honneur à M. Roger Neston. Lorsque cela se produisit, tous les auteurs de journaux le recherchèrent dans « Men of the Time », « Whitaker », ou dans tout autre ouvrage de référence standard, et remarquèrent que peu de nominations rencontreraient une approbation publique plus universelle, une proposition que le le public doit être considéré comme ayant été approuvé à l'unanimité tacite.

M. Neston poursuivit son chemin, indifférent à ses moments de notoriété, mais tranquillement content de son ruban rouge, et, lorsqu'il entra en possession du domaine familial, continua à se rendre au bureau avec une régularité toujours aussi grande. Il atteignit enfin le sommet de son ambition particulière et, comme chef permanent de son département, prit pendant quinze ans une part importante dans le gouvernement d'un peuple presque inconscient de son existence, jusqu'au moment où il vit l'annonce que sur

son à la retraite, il avait été élevé à la pairie sous le titre de baron Tottlebury. Puis le chœur d'approbation retentit une fois de plus, et le nouveau seigneur reçut de nombreuses félicitations amicales dans le dos de son intention de se tourner vers la vie publique. Désormais, il resta silencieux à la Chambre des Lords et écrivit des lettres au *Times* sur des sujets que les soucis de sa fonction ne lui avaient pas laissé auparavant le loisir d'étudier.

Mais la fortune ne se lassait pas encore de sourire aux Neston. Lord Tottlebury, avant d'accepter sa nouvelle dignité, avait fait comprendre à son fils Gérald la nécessité de chercher de quoi dorer la couronne par un mariage judicieux. Gerald n'était en aucun cas réticent. Il n'avait jamais fait beaucoup de progrès au barreau et estimait que son manque de succès contrastait défavorablement avec la pratique croissante de son cousin George, un état de choses très inapproprié, car George représentait une branche plus jeune que Gerald. Un mariage riche, combiné à la situation améliorée de son père, lui ouvrait des perspectives d'une carrière de distinction publique et, ce qui était plus important, de loisirs privés, mieux adaptés à ses goûts et moins éprouvants pour sa patience ; et, par une chance inhabituelle, il fut sauvé de tout scrupule à se marier pour de l'argent du fait qu'il était déjà désespérément amoureux d'une femme très riche. Elle n'était pas de haute naissance, il est vrai, et elle était veuve d'un marchand de Manchester ; mais ce même marchand, au grand dégoût de ses propres parents, lui avait laissé cinq mille dollars de rente à son entière disposition. Ce dernier fait l'emportait largement sur les deux premiers dans l'esprit de lord Tottlebury, tandis que Gérald fondait son action sur le seul motif que Neaera Witt était la plus jolie fille de Londres et que, par Jupiter, il croyait au monde ; seulement, bien sûr, si elle avait aussi de l'argent, tant mieux.

Les fiançailles étaient donc un fait accompli. Mme Witt n'avait montré qu'une gracieuse réticence à devenir Mme Neston. À vingt-cinq ans, un dévouement perpétuel au souvenir d'un simple épisode comme celui de son premier mariage n'était ni désirable ni attendu, et Neaera était très franchement amoureuse de Gerald Neston, un bel homme au visage ouvert et robuste, qui a gagné son cœur principalement parce qu'il était très différent du regretté M. Witt. Tout le monde enviait Gérald et tout le monde félicitait Nééra d'avoir échappé aux divers gouffres qui sont censés se creuser sur le chemin des jeunes veuves riches. Les fiançailles furent annoncées une fois, puis contredites comme étant prématurées, puis annoncées de nouveau ; et, en un mot, tout poursuivait en ces matières son cours agréable et habituel. Enfin, Lord Tottlebury reçut en bonne et due forme Mme Witt au dîner, en guise d'initiation aux mystères de Neston.

C'est pour ce dîner que M. George Neston, avocat, mettait sa cravate blanche, un soir de mai, dans son appartement du côté de Piccadilly. George était le fils du frère cadet de Lord Tottlebury. Son père était mort pendant son service en Inde, laissant une femme qui ne lui survécut que quelques années et un petit garçon, devenu un avocat prometteur de trente-deux ou trente-trois ans, et qui était à ce moment-là employé à réfléchir. quel chien chanceux était Gerald, si tout ce que les gens disaient à propos de Mme Witt était vrai. Non pas que George enviait sa cousine, son épouse. Ses jours d'itinérance étaient terminés. Il avait trouvé ce qu'il voulait pour lui-même, et la beauté de Mme Witt, si elle était belle, n'était rien pour lui. » Pensa-t-il avec un mélange de joie et de résignation. Pourtant, même si vous êtes amoureux de quelqu'un d'autre, une jolie fille qui gagne cinq mille dollars par an, c'est de la chance, et c'est fini ! Ainsi conclut George Neston en montant dans son fiacre et en se dirigeant vers Portman Square.

La fête était petite, car les Neston n'étaient pas de ces familles qui se ramifient en une croissance déconcertante de cousins. Lord Tottlebury était bien sûr là, un homme grand, mince, à l'air plutôt sévère, et sa fille Maud, une jolie et brillante fille de vingt ans, et Gerald, dans un battement mal dissimulé par l'extravagance même de la *nonchalance* . Ensuite, il y avait quelques tantes, un cousin, sa femme et George lui-même. Trois des invités étaient des amis et non des parents. Mme Bourne avait été l'intime intime de l'épouse décédée de Lord Tottlebury, et il honorait la mémoire de sa femme en prêtant une attention constante à son amie. Mme Bourne amenait sa fille Isabel, et Isabel était venue pleine de curiosité pour voir Mme Witt, et espérait aussi voir George Neston, car ne savait-elle pas quel plaisir cela lui ferait de la rencontrer ? Enfin, se dressait sur le tapis l'énorme forme de M. Blodwell, QC, un vieil ami de Lord Tottlebury et premier précepteur de George et aimable guide en droit, célèbre pour ses discours rauques au tribunal et ses bonnes histoires, célèbre aussi. , comme l'un des hommes les plus grands et le plus gros du bar. Il ne manquait que Neaera Witt, et avant que M. Blodwell ait commencé à raconter la célèbre histoire du baron Samuel et de la vache brune, Neaera Witt fut annoncée.

Le veuvage de Mme Witt n'avait que deux ans et elle était alors presque inconnue de la société. Aucun membre du groupe, à l'exception de Gérald et de son père, ne l'avait vue, et ils regardèrent tous avec intérêt vers la porte lorsque le majordome annonça son nom. Elle avait pour la première fois repoussé complètement son deuil et entra vêtue d'une robe d'un rouge profond, avec une longue traîne qui lui donnait de la dignité, ses cheveux d'or rassemblés bas sur son cou et son teint pâle et clair juste teinté de le soupçon d'une rougeur alors qu'elle cherchait instinctivement son amant. Cette entrée fut sans aucun doute un petit triomphe. Les filles étaient plongées dans une généreuse admiration ; les hommes furent surpris ; et M. Blodwell, terminant la soirée à la Chambre des Communes, fit remarquer au jeune Sidmouth Vane, secrétaire particulier (non rémunéré) du Lord Président : « J'espère, mon garçon, que vous vivrez aussi longtemps que moi et que vous verrez autant de jolies filles que moi. femmes; mais vous n'en verrez jamais plus jolie que Mme Witt. Son visage! ses cheveux! et Vane, mon garçon, sa taille ! Mais ici la cloche de la division a sonné, et M. Blodwell s'est empressé de voter contre une proposition visant à détériorer, sous le prétexte spécieux de dévaloriser, l'administration de la justice.

Lord Tottlebury, s'avançant à la rencontre de Neaera, lui prit la main et la présenta fièrement à ses invités. Elle les salua chacun avec grâce et gentillesse jusqu'à ce qu'elle vienne vers George Neston. Lorsqu'elle vit sa mâchoire solide et son visage vif et rasé de près, une lumière soudaine qui ressemblait à un souvenir lui sauta aux yeux, et sa joue rougit un peu. Le changement était si net que George fut confirmé dans l'imagination qu'il avait eue dès le premier instant où elle était entrée, que quelque part auparavant, il avait vu ces cheveux dorés et ces yeux sombres, cette combinaison d'opposés harmonieux qui rendaient sa beauté non moins spéciale dans genre qu'en degré. Il avança d'un pas, la main à moitié tendue, en s'écriant :

"Sûrement--"

Mais là, il s'arrêta net et sa main tomba sur son côté, car tous les signes de reconnaissance avaient disparu du visage de Mme Witt, et elle ne lui fit que le même salut modestement gracieux qu'elle avait accordé au reste du groupe. L'incident était terminé, laissant George profondément perplexe et Lord Tottlebury un peu surpris. Gérald n'avait rien vu, ayant été employé à donner les ordres pour la marche vers le dîner.

Le dîner a été un succès. Lord Tottlebury inflexible ; il était très cordial et, par moments, presque jovial. Gérald était au paradis, ou du moins assis juste en face et bien en vue. M. Blodwell s'amusait énormément : ses histoires classiques n'avaient jamais encore remporté une récompense aussi agréable que le rire sourd et riche et les yeux dansants de Neaera. George aurait dû s'amuser, car il était à côté d'Isabel Bourne, et Isabel, reconnaissant chaleureusement qu'elle n'était pas ce soir, comme, pour lui rendre justice, elle l'était souvent, la plus jolie fille de la pièce, prenait d'autant plus de peine être gentil et amusant. Mais George fouillait les débarras de la mémoire, ou, pour le dire de manière moins figurative, se demandait, et devenait exaspéré en se demandant en vain, où diable avait-il déjà vu la fille auparavant. Une ou deux fois, ses yeux rencontrèrent les siens, et il lui sembla qu'il l'avait surprise en train de lui jeter un regard interrogateur et inquiet. Lorsqu'elle vit qu'il la regardait, son expression se changea en une expression d'intérêt amical, appropriée à l'interrogatoire d'un futur parent.

"Que penses-tu d'elle?" demanda Isabel Bourne à voix basse. "Belle, n'est-ce pas?"

"Elle l'est en effet", répondit George, "je ne peux m'empêcher de penser que je l'ai déjà vue quelque part."

« C'est une personne dont on se souviendrait, n'est-ce pas ? Était-ce à Manchester ?

"Je ne pense pas. Je ne suis pas allé à Manchester plus de deux ou trois fois dans ma vie.

"Eh bien, Maud dit que Mme Witt n'a pas grandi là-bas."

« Où a-t-elle été élevée ?

"Je ne sais pas", a déclaré Isabel, "et je ne pense pas que Maud le savait non plus. J'ai demandé à Gerald, et il m'a répondu qu'elle était probablement descendue du paradis quelque part il y a quelques années.

« C'est peut-être ainsi que je me souviens d'elle », suggéra George.

A défaut de cette explication, il s'avoua perplexe et résolut d'écarter cette question de ses pensées pour le moment. Aidé par Isabel Bourne, il réussit très bien dans cet effort : la compagnie d'une jolie fille est le meilleur substitut moderne aux eaux du Léthé.

Néanmoins, son intérêt resta suffisamment fort pour le faire rejoindre le groupe que Gerald et M. Blodwell formaient avec Neaera dès que les hommes montèrent à l'étage. M. Blodwell n'a pas caché qu'il s'agissait avec lui d'un coup de foudre et a ouvertement regretté que son âge l'ait empêché de combattre Gerald pour son prix. Gérald écoutait avec le bonheur complaisant d'un amant sûr, et Neaera s'excusa gravement de ne pas avoir attendu pour faire son choix d'avoir vu M. Blodwell.

"Mais au moins tu avais entendu parler de moi?" a-t-il insisté.

«Je suis terriblement ignorante», dit-elle. "Je ne crois pas l'avoir jamais fait."

« Neaera ne fait pas partie de la classe criminelle, voyez-vous, monsieur », ajouta Gerald.

"Il me nargue", s'est exclamé M. Blodwell, "avec le Old Bailey !"

George était arrivé à temps pour entendre les deux dernières remarques. Neaera le vit et lui sourit agréablement.

"Voici une jeune dame qui ne connaît rien à la loi, George", poursuivit Blodwell. « Elle n'a jamais entendu parler de moi – ni de vous non plus, j'ose dire. Cela me rappelle ce qu'on disait du vieux Dawkins. Old Daw n'a jamais eu de mandat, mais il était enregistreur d'un petit arrondissement ou autre —

un endroit avec un prisonnier une fois tous les deux ans, vous savez — j'ai oublié le nom. Voyons… oui, Peckton.

« Peckton ! » s'écria brusquement et brusquement George Neston.

Neaera fit un mouvement brusque d'une main – un mouvement soudain stoppé – et son éventail tomba avec fracas sur les planches polies.

Gerald a plongé, M. Blodwell aussi, et leurs têtes sont entrées en contact avec une telle violence qu'elles ont chassé tous les souvenirs de Recorder Dawkins du cerveau de M. Blodwell. Ils se livraient encore à des récriminations, lorsque Neaera les quitta précipitamment, se dirigea vers Lord Tottlebury et prit congé.

George est allé lui ouvrir la porte. Elle le regarda avec curiosité.

«Voulez-vous venir me voir, M. Neston?» elle a demandé.

Il s'inclina gravement, sans rien répondre.

La fête s'est terminée, et alors que George voyait le gros morceau de M. Blodwell installé dans un quatre-roues, le vieux monsieur a demandé :

"Pourquoi as-tu fait ça, George?"

"Quoi?"

"Saute, quand j'ai dit Peckton."

"Oh, j'avais l'habitude d'y aller, tu sais."

« Est-ce que vous sursautez toujours lorsque les gens mentionnent les endroits où vous alliez en séance ? »

"En général", répondit George.

«Je vois», dit M. Blodwell en allumant son cigare. « Une mauvaise habitude, George ; cela suscite des remarques. Parlez-lui de la Maison.

"Bonne nuit, monsieur", dit George. "J'espère que ta tête va mieux."

M. Blodwell renifla avec indignation en ouvrant la fenêtre et fut conduit à ses fonctions.

CHAPITRE II.
POURQUOI GEORGE NESTON A SAUTÉ.

"Comment aurais-je pu oublier?" dit George à voix haute en rentrant chez lui. "Je me souviens d'elle maintenant comme si c'était hier."

La mémoire, comme bien d'autres choses qui appartiennent à l'homme, est une chose étrange, et le nom de Peckton avait fourni le seul chaînon manquant à sa mémoire. Comment, en effet, avait-il pu l'oublier ? Un homme peut-il oublier son premier mémoire, pas plus que son premier amour ? — tant ils sont semblables dans leur promesse infinie, si semblables dans leurs résultats très limités !

Le tableau était désormais complet dans son esprit : la petite cour moite de Peckton ; le vieux Dawkins, sa perruque noire de vieillesse, le reste brun de tabac à priser ; le commis difficile; le procureur, fils du même greffier pointilleux ; lui-même, fourrant sa première guinée dans sa poche, la main tremblante et le cœur battant (nerveux devant le vieux Daw ! Imagine !) ; le gros et paisible policier ; la gardienne, avec son bonnet de paille noire orné de rubans bleu foncé ; et enfin, sur le banc des accusés, une jeune fille, vêtue de vêtements minables, voire gras, noirs, aux joues pâles, aux cheveux en désordre et aux paupières gonflées, regardant avec une terreur vide la majesté de la loi, étrangement exprimée dans l'ancien langage du Recorder. personne. Et, sans aucun doute ni imagination, la jeune fille était l'épouse de Gerald, Neaera Witt.

– Je pourrais lui jurer aujourd'hui ! s'écria Georges.

Elle avait rassemblé une guinée pour ses honoraires. « Je ne sais pas d'où elle l'a obtenu », dit le gros policier avec un cynisme professionnel en le donnant à George. "Elle plaide coupable et veut que vous vous adressiez au tribunal." George s'était donc adressé à la cour avec une appréhension infinie.

La jeune fille avait un père – ivre quand il n'était pas affamé, et affamé quand il n'était pas ivre. Maintenant, il mourait de faim et elle avait volé les chaussures (oh ! c'est sordide !) pour les mettre en gage et acheter de la nourriture ou des boissons. Il s'agissait simplement d'une prudence – et – et – et George lui-même, étant jeune dans ce métier, bégayait et bégayait autant d'émotion que de peur. Tu vois, la fille était jolie !

Tout ce que le vieux Daw a dit, c'est : « Savez-vous quelque chose à son sujet, policier ? et le gros policier a dit que son père était un sale type, que la fille ne travaillait pas, et...

« Cela suffit », dit le vieux Daw ; et, se penchant en avant, il prononça sa phrase :

« Je vais traiter avec vous à la légère. Seulement, (secouant un index renfrogné), prenez garde de ne plus revenir ici ! Un mois civil, avec un dur labeur.

Et la jeune fille, regardant l'honnête vieux Daw, qui n'aurait fait de mal à une mouche que depuis le banc, murmura doucement : « Cruel, cruel, cruel ! et fut emmené par la femme au bonnet de paille noire.

Sur quoi George a fait une chose très peu professionnelle. Il a rendu sa guinée, son fils aîné, au gros policier en lui disant : « Donne-la-lui quand elle sortira. Je ne peux pas prendre son argent. Ce à quoi le policier eut un sourire qui convainquit George d'une terrible jeunesse.

Tout était complet, sauf le nom par lequel le greffier pointilleux avait appelé la jeune fille à plaider, et que le vieux Dawkins avait marmonné en la condamnant. Cela lui échappait complètement. Il était sûr que ce n'était pas « Neaera » – bien sûr pas « Neaera Witt » ; mais pas « Neaera Anything » non plus. Il se serait souvenu de « Neaera ».

"Qu'est-ce que c'était?" se demanda-t-il en déverrouillant sa porte et en montant les escaliers. « Ce n'est pas vraiment important. Les noms sont faciles à changer.

George Neston partageait ses appartements de Half Moon Street avec l'honorable Thomas Buchanan Fillingham Myles, communément connu (comme le dit la pairie) sous le nom de Tommy Myles. Tommy possédait également une petite chambre dans les Temple Chambers, où les deux Neston et M. Blodwell gagnaient leur vie ; mais les apparitions de Tommy dans ce dernier lieu furent rares et brèves. Il ne dérangeait pas beaucoup George non plus dans Half Moon Street, étant un jeune homme très porté sur la société de toutes sortes, et très enclin à rester au lit quand la plupart des gens sont debout, et *vice versa* . Cependant, ce soir-là, il se trouvait chez lui, et George le trouva les pieds sur la cheminée, en train de lire le journal du soir.

"Eh bien, comment est-elle?" » demanda Tommy.

"Elle est exceptionnellement jolie et très agréable", a déclaré George. Pourquoi en dire plus, avant que sa décision ne soit prise ?

"Qui était-elle?" poursuivit Tommy en se levant et en remplissant sa pipe.

« Ah ! Je ne sais pas. J'aurais aimé le faire.

« Ne vois pas que cela compte pour toi. Y a-t-il quelqu'un d'autre là-bas ?

"Oh, quelques personnes."

"Mlle Bourne?"

"Oui, elle était là."

Tommy fit un clin d'œil, soupira prodigieusement et but une grande gorgée de cognac et de soda.

"Où étais-tu?" » demanda George en changeant de sujet.

à l'Escurial... à un divertissement vulgaire, vraiment très vulgaire, aussi vulgaire qu'on peut en trouver à Londres.

« Est-ce que tu sors encore ?

« Mon cher Georges ! Il est presque midi !» » dit Tommy d'un ton réprobateur.

"Ou au lit?"

"Non. George, tu m'as blessé. Se pourrait-il que vous souhaitiez être seul ?

"Eh bien, en tout cas, tais-toi, Tommy. Je veux réfléchir.

« Un seul mot. A-t-elle été cruelle ?

« Oh, sors. Tiens, donne-moi à boire.

Tommy s'est plongé dans *Bull's-eye* , cette célèbre estampe dont la devise est *Lux in tenebris* (ce qui signifie, bien sûr, la publicité dans les endroits ombragés), et George s'est mis à réfléchir à ce qu'il valait mieux faire dans l'affaire Neaera Witt.

Les difficultés de la situation étaient évidentes, mais, aux yeux de George, elles ne résidaient pas tant dans la question de savoir quoi faire que dans celle de savoir comment le faire. Il avait été assez clair dès le début : Gérald ne devait pas épouser Nééra sans savoir ce qu'il pouvait lui dire ; s'il aimait le faire après, tant mieux. Mais bien sûr, il ne le ferait pas. Non, Neston ne le ferait pas, pensa George, qui avait sa part entière de la fierté familiale. Les hommes de bonne famille faisaient des mariages honteux, il est vrai, mais pas avec des voleurs ; et de toute façon rien de tel n'a été enregistré dans les annales de Neston. Comment devrait-il regarder son oncle et Gérald en face s'il tenait sa langue ? Son parcours était très clair. Seulement — eh bien, c'était un rôle particulièrement désagréable à jouer — celui de dénonciateur et d'exposant d'une femme qui n'était très probablement pas pire que beaucoup d'autres, et était sans aucun doute beaucoup plus belle que la plupart des autres. L'ensemble de la situation sentait désagréablement le mélodrame, et George devait figurer dans le personnage du méchant, un méchant avec les meilleurs motivations et le devoir le plus simple. Il n'y avait qu'un seul espoir.

Peut-être que Mme Witt comprendrait la sagesse d'un retrait opportun. Elle le ferait sûrement. Elle ne pourrait jamais affronter la tempête. Alors Gérald n'aurait rien besoin d'en savoir, et six mois de voyage – par exemple en Amérique, où vivent de jolies filles – panseraient son cœur brisé. Seulement – encore une fois seulement – George n'appréciait pas beaucoup l'entretien qui l'attendait. Mme Witt pleurerait probablement, et il se sentirait comme une brute, et...

"M. Neston, annonça le valet de chambre de Tommy en ouvrant la porte.

Gérald avait suivi son cousin chez lui, très désireux d'être félicité, et encore plus soucieux de ne pas paraître inquiet. Tommy le reçut avec effusion. Pourquoi n'avait-il pas été invité au dîner ? Pourrait-il rendre visite à Mme Witt ? Il a entendu dire qu'elle était tondeuse ; et ainsi de suite. Les félicitations de George restèrent dans sa gorge, mais il les sortit, espérant que Neaera le libérerait de la nécessité de les manger au plus tôt. Gérald était radieux. Il semblait avoir complètement oublié « Peckton », même s'il dénonçait haut et fort la dureté anormale de la tête de M. Blodwell. Oh, et la dernière chose que Neaera a dite, c'est : George irait-il la voir ?

« Elle aimait beaucoup toi, vieil homme, » dit-il affectueusement. "Elle a dit que vous lui rappeliez un juge."

Georges sourit. Neaera pratiquait-elle *la double entente* avec son fiancé ?

« Quelle chose infernalement désagréable à dire ! » s'exclama Tommy.

"Bien sûr, j'irai la voir," dit George, "demain, si j'en trouve le temps."

"Moi aussi", a ajouté Tommy.

Gérald était content. Il aimait voir ses goûts approuvés par ses amis. « Il était temps que le vieux George, ici, fasse de même, n'est-ce pas, Tommy ? Je lui ai donné une piste.

L'attachement de George à Isabel Bourne était un fait reconnu parmi ses connaissances. Il ne l'a jamais nié : il l'aimait beaucoup et avait l'intention de l'épouser, si elle le voulait. Et il ne doutait pas vraiment qu'elle le ferait. S'il avait douté, il ne se serait pas contenté de se reposer sans une assurance expresse. Dans l'état actuel des choses, rien n'était pressé. Laissez la pratique se développer encore un peu. Isabel et lui se comprirent et dès qu'elle fut prête, il fut prêt. Mais les longs engagements étaient une nuisance pour tout le monde. Tels étaient ses sentiments, et il se considérait, à cause d'eux, comme amoureux d'Isabel. Il existe de nombreuses manières d'être amoureux, et ce serait un manque de tolérance que de nier que celle de George en soit une, même si elle est certainement très différente de certaines autres.

Tommy reconnut que George perdait son temps et, avec une réelle gentillesse, ramena Gerald au sujet qui le préoccupait.

Gérald a saisi cette opportunité avec plaisir. « Où l'ai-je rencontrée ? Oh, à Brighton, l'hiver dernier. Ensuite, vous savez, je l'ai poursuivie jusqu'à Manchester et je l'ai trouvée vivant dans une superbe villa à la périphérie de cet endroit abominable. Neaera détestait ça, mais bien sûr, elle devait vivre là-bas du vivant de Witt, et elle avait gardé la maison.

« Elle n'est donc pas née à Manchester ? »

"Non. Je ne sais pas où elle est née. Son père semble avoir été un vieux gentleman romantique. C'était un peintre de métier, un artiste, je veux dire, vous savez, des paysages, etc.

"Et tu es parti à la recherche de morceaux de nature à assassiner, hein ?" » demanda Tommy.

"C'est à peu près ça. Je ne pense pas qu'il ait été très ébranlé dans ce domaine. Au moins, il n'a pas gagné grand-chose ; et finalement il s'installa à Manchester et essaya de gagner sa vie en travaillant pour les marchands. Witt était un amateur de tableaux, et quand Neaera est venue vendre, il l'a vue, et...

« La romance de feu Witt a commencé ? »

« Oui, confondez-le ! Je suis terriblement jaloux du vieux Witt, bien qu'il soit mort.

«C'est ingrat», remarqua George, «considérant…»

"Faire taire! Vous blesserez ses sentiments », a déclaré Tommy. "Il a complètement oublié l'argent."

«Tout va très bien pour vous…» commença Gérald.

Mais George l'interrompit : « Quel était son nom ?

« Celui de Witt ? Oh, Jérémie, je crois.»

« Esprit ? Non. Accrochez Witt ! Le nom du père.

« Oh !... Coup de vent. Il semble avoir été un drôle de vieux garçon – un peu érudit autant qu'artiste.

"Cela explique la 'Neaera', je suppose", a déclaré Tommy.

« Neaera Gale », pensa George. "Je ne m'en souviens pas."

"Joli nom, n'est-ce pas ?" » demanda Gerald, entiché.

"Oh, sèche-toi!" s'exclama Tommy. « Nous ne pouvons plus vous faire plaisir. Rentrez chez vous et couchez-vous. Tu peux rêver d'elle, tu sais.

Gérald accepta cette allusion et se retira, toujours dans cet état de bonheur confiant qui remplissait la poitrine de George de trouble et de consternation.

"Je pourrais tout aussi bien être le serpent d'Eden", dit-il alors qu'il était allongé dans son lit, fumant tristement.

CHAPITRE III.
« QUE SONT LES QUARTS DE SESSION ?

L' atmosphère était orageuse au n°3, Indenture Buildings, Temple. Il était quatre heures et M. Blodwell était sorti du tribunal de très mauvaise humeur. Il était sauvage avec George Neston, qui, étant dans une affaire avec lui, était parti et l'avait laissé sans personne pour lui raconter ses faits. Il était sauvage avec Tommy Myles, qui avait refusé de lire certains journaux pour lui ; sauvage avec M. le juge Pounce, qui avait interrompu son discours devant le jury, Pounce, qui avait été cent fois son cadet ! sauvage avec M. Timms, son greffier, parce qu'il était toujours sauvage avec Timms quand il était sauvage. avec d'autres personnes. Tommy s'était enfui avant la tempête ; et maintenant, à l'indignation sans bornes de M. Blodwell, George aussi brossait son chapeau avec l'intention manifeste de partir.

« À mon époque, les jeunes juniors », a déclaré M. Blodwell avec sarcasme, « ne quittaient pas les chambres à quatre heures ».

« Affaires », dit George en enfilant ses gants.

« Les femmes », répondit son chef, brièvement et avec mépris.

« C'est la même chose, dans ce cas. Je vais voir Mme Witt.

La personne de M. Blodwell a exprimé une réprobation morale. George, cependant, resta impassible et l'homme plus âgé lui lança un regard aigu.

"Je ne sais pas ce qui se passe, George," dit-il, "mais prends soin de toi."

"Rien ne va."

"Alors pourquoi as-tu sauté ?"

« Timms, un fiacre », s'écria George. « Demain, je serai au tribunal toute la journée et je vous tiendrai au courant, monsieur.

« Au nom du ciel, faites-le. Ce camarade Pounce est un véritable mendiant en matière de rendez-vous. Maintenant dégage."

Mme Witt vivait à Albert Mansions, la « magnifique villa » de Manchester étant partie rejoindre M. Witt dans les limbes. Elle était chez elle et, lorsque George entra, sa seule prière était qu'il ne trouve pas Gerald en possession. Il n'avait aucune idée très précise de la manière de s'acquitter de sa tâche déplaisante. "Cela doit dépendre de la façon dont elle le prend", a-t-il déclaré. Gerald n'était pas là, mais Tommy Myles était, volubile, joyeux et très à l'aise, racontant à Neaera les histoires des années d'école de son amant. George intervint comme il pouvait, jusqu'à ce que Tommy se lève pour partir, regrettant la convention qui poussait un homme à prendre son chapeau au plus tard cinq minutes après l'arrivée d'un autre. Neaera le pressa de revenir, mais ne l'invita pas à le faire. transgresser la convention.

George espérait presque qu'elle le ferait, car il était, comme il l'avouait, « foutu ». Il n'y avait aucun signe d'un tel sentiment chez Néaera, et aucune répétition de l'attitude attrayante qu'elle avait semblé adopter la nuit précédente.

« Elle veut me bluffer », pensa George en la regardant s'asseoir sur une chaise basse près du feu et se protéger le visage avec un grand éventail.

« C'est si agréable, commença-t-elle, d'être accueillie si chaleureusement par toute la famille et les amis de Gerald. Je ne me sens pas du tout comme un étranger.

"Je suis venu hier soir, dans l'espoir de me joindre à cet accueil", a déclaré George.

« Oh, je n'avais pas du tout l'impression que tu étais un étranger. Gérald m'avait tellement parlé de toi.

George se leva et marcha jusqu'au bout de la petite pièce et revint. Puis il se leva et regarda son hôtesse. Neaera regarda pensivement le feu. C'était particulièrement difficile, mais à quoi servait l'escrime ?

« J'ai vu que tu m'avais reconnu », dit-il délibérément.

"Dans une minute. J'avais vu votre photo.

"Pas seulement ma photo, mais moi-même, Mme Witt."

"Ai-je?" demanda Nééra. « Comme c'est impoli de ma part d'oublier ! Où était-il? Brighton ?

Le cœur de George se durcit un peu. Bien sûr qu'elle mentirait, la pauvre fille. Cela ne le dérangeait pas. Mais il n'aimait pas le mensonge artistique, et celui de Neaera lui paraissait artistique.

"Mais tu es sûr ?" continua-t-elle.

George décida de tenter une attaque soudaine. « Vous ont-ils déjà donné cette guinée ? dit-il en tendant les yeux pour observer son visage. Elle a rougi ou pas ? Il ne pouvait vraiment pas le dire.

"Je vous demande pardon. Guinée?"

« Allons, Mme Witt, nous n'avons pas besoin de rendre les choses plus désagréables que nécessaire. J'ai vu que tu m'avais reconnu. Au moment où M. Blodwell a parlé de Peckton, je vous ai reconnu. Je vous en prie, ne pensez pas que je veux être dur avec vous. Je peux et je fais toutes les concessions.

Le visage de Neaera exprimait un étonnement vide. Elle se leva et fit un pas vers la cloche. George était chatouillé. Elle eut l'étonnante impertinence de faire comprendre, subtilement mais très distinctement, par ce mouvement et toute sa démarche, qu'elle le croyait ivre.

« Sonnez si vous voulez, dit-il, ou plutôt demandez-moi si vous voulez qu'on sonne. Mais ne vaudrait-il pas mieux régler l'affaire maintenant ? Je ne veux pas déranger Gérald.

"Je crois vraiment que vous me menacez de quelque chose", s'est exclamé Neaera. « Oui, bien sûr. Continue."

Elle lui fit signe de s'asseoir et se plaça au-dessus de lui, posant un bras sur la cheminée. Elle respirait un peu vite, mais George n'en tirait aucune conclusion.

« Il y a huit ans, dit-il lentement, vous m'avez engagé comme avocat. Vous avez été accusé de vol (vol d'une paire de chaussures) lors des séances trimestrielles de Peckton. Vous m'avez retenu moyennant une somme d'une guinée.

Neaera était immobile, mais un léger sourire se dessinait sur son visage. « Que sont les quarts de session ? » elle a demandé.

« Vous avez plaidé coupable et avez été condamné à un mois de prison avec travaux forcés. La Guinée dont je vous ai parlé concernait mes honoraires. Je l'ai donné à ce gros policier pour qu'il vous le rende.

"Excusez-moi, M. Neston, mais c'est vraiment trop absurde." Et Neaera relâcha son attitude sculpturale et rit avec légèreté et délicieusement. "Pas étonnant que vous ayez été surpris hier soir - oh, oui, j'ai vu ça - si vous identifiiez *la fiancée* de votre cousin avec ce criminel dont vous parlez."

"Je l'ai fait et je l'ai identifiée."

"Sérieusement?"

"À la perfection. Ce serait une mauvaise blague.

« Je n'ai jamais rien entendu d'aussi monstrueux. Est-ce que vous persistez vraiment là-dedans ? Je ne sais pas quoi dire.

« Le niez-vous ? »

"Nier! Autant le nier — mais bien sûr, je le nie. C'est de la folie.

"Ensuite, je dois exposer ce que je sais à mon oncle et à Gerald, et les laisser agir comme ils l'entendent."

Neaera fit un pas en avant tandis que George se levait de son siège. « Voulez-vous répéter cet atroce, ce scandale insensé ?

«Je pense que je dois le faire. Je serais heureux de penser que j'avais une alternative.

Neaera leva une main blanche au-dessus de sa tête et la fit descendre dans les airs d'un geste passionné.

"Je ne vous préviens pas!" elle a pleuré; "Je ne vous préviens pas!"

Georges s'inclina.

"C'est un mensonge, et... et si c'était vrai, vous ne pourriez pas le prouver."

George pensait que c'était son premier faux pas. Mais il n'y avait aucun témoin.

« Ce sera la guerre entre nous », poursuivit-elle avec une excitation croissante. « Je ne reculerai devant rien – rien – pour vous écraser ; et je le ferai.

« Il ne faut pas essayer de m'effrayer », dit George.

Neaera l'observa de la tête aux pieds. Puis elle étendit de nouveau sa main blanche et dit :

"Aller!"

Georges haussa les épaules, prit son chapeau et partit, avec l'impression que Nééra l'avait découvert en train de voler. Tant est grande la vertu d'une bonne présence et d'instincts dramatiques.

Soudain, il s'arrêta ; puis il revint et frappa à la porte.

«Entrez», cria Neaera.

En entrant, elle fit un mouvement d'impatience. Elle était toujours là où il l'avait laissée.

« Je vous prie de me pardonner. J'ai oublié de dire une chose. Bien sûr, cela ne m'intéresse que par cette affaire, en tant que membre de la famille. Je ne suis pas un détective. Si vous abandonnez Gerald, ma bouche est scellée.

«Je n'abandonnerai pas Gérald», s'est-elle exclamée avec passion. "Je l'aime. Je ne suis pas une aventurière ; Je suis déjà riche. JE--"

"Oui, tu pourrais regarder plus haut que Gerald et éviter tout ça."

"Je m'en fiche. Je l'aime."

George la croyait. "Je souhaite à Dieu de pouvoir t'épargner..."

"Épargne moi? Je ne demande pas ta pitié. Vous êtes un calomniateur… »

"Je pensais te le dire", dit calmement George.

"Tu n'y vas pas ?" elle a pleuré. Et sa voix se transforma en sanglot.

C'était pire que ses airs tragiques. George s'enfuit sans un mot, se maudissant d'être un connard au cœur dur et bien-pensant, puis maudissant le destin qui lui avait imposé ce fardeau. Que faisait-elle maintenant, se demanda-t-il. Exultant de son triomphe ? Il l'espérait ; car une image différente remplissait obstinément son esprit : une belle femme, le visage enfoui dans ses bras blancs, pleurant de toutes ses larmes, tout cela parce que George Neston avait le sens du devoir. Pourtant, sa détermination n'a pas vraiment faibli. Si Nééra avait admis toute l'affaire et imploré sa miséricorde, il sentait que sa résolution aurait été durement éprouvée. Mais, en l'état, il avait l'impression qu'il avait affaire à un homme expérimenté, et peut-être qu'un peu de zèle professionnel se mêlait à son sentiment honnête qu'une femme qui mentait ainsi était une femme qui devait être montrée en elle. Vraies couleurs.

«Je le dirai à oncle Roger et à Gérald demain», pensa-t-il. « Bien sûr, ils demanderont des preuves. Cela signifie un voyage à Peckton. Confondez les affaires des autres !

L'hypothèse de George était juste. Neaera Witt avait passé la première demi-heure après son départ d'une manière aussi déchirante qu'il l'avait imaginé. Tout allait si bien. Gérald était si charmant, et la vie paraissait enfin si brillante, et voici ce qui arrivait ! Mais Gérald devait dîner avec elle, et il n'y avait pas beaucoup de temps à perdre à pleurer. Elle s'essuya les yeux, leur redonna leur éclat et fit une toilette merveilleuse. Puis elle divertit Gérald et le remplit de délices toute une longue soirée. Et à onze heures, au moment où elle le chassait de son paradis, elle dit :

"Votre cousin George était ici aujourd'hui."

« Ah, n'est-ce pas ? Comment ça s'est passé avec lui ?

Neaera avait apporté son chapeau à son amant. Il avait besoin d'un indice fort pour le faire bouger. Mais elle posa le chapeau et resta agenouillée à côté de Gérald pendant une minute ou deux en silence.

"Tu as l'air triste, chérie", dit-il. « Est-ce que vous et George vous êtes disputés ?

"Oui... je... C'est très épouvantable."

"Pourquoi, quoi, ma chérie?"

« Non, je ne vous le dirai pas maintenant. Il ne dira pas que je vous ai contacté le premier et que j'ai prévenu votre esprit.

« Qu'est-ce qui ne va pas, Neaera ?

« Vous l'entendrez, Gérald, bientôt. Mais vous l'entendrez de lui. Je ne le ferai pas... non, je ne serai pas le premier. Mais, cher Gérald, tu ne croiras rien contre moi ?

« Est-ce que George dit quelque chose contre vous ?

Nééra lui jeta les bras au cou. "Oui," murmura-t-elle.

« Alors laissez-le s'occuper de ce que c'est. Neaera, dis-le-moi.

"Non non Non! Il vous le dira d'abord.

Elle était ferme ; et Gérald s'en alla, plein d'étonnement et de colère.

Mais Neaera se dit, lorsqu'elle était seule : « Je pense que c'était vrai. Mais, oh mon Dieu, oh mon Dieu ! quelle agitation... » Elle fit une pause et ajouta : « rien !

Et même si ce n'était pas tout à fait rien, même s'il s'agissait d'une paire de chaussures, l'effet risquait d'être largement disproportionné par rapport à la cause. Le vieux Dawkins, le greffier pointilleux et le gros policier n'auraient jamais pu imaginer une telle bobine, ou sûrement, au mépris de toutes les lois du pays, ils auraient laissé partir cette demoiselle sans nom.

CHAPITRE IV.
UN SERPENT EN ÉDEN.

APRÈS mûre réflexion, Gerald Neston a refusé de se mettre en colère. Au début, lorsqu'il avait entendu le récit de George, il avait été mis en colère et avait dit des choses amères sur des propos imprudents et même sur des médisances malveillantes. Mais en réalité, à bien y regarder, la chose était trop absurde — ne valait pas la peine d'y réfléchir un instant — sauf qu'elle avait, bien sûr, ennuyé Néaéra, et devait, bien sûr, laisser derrière elle quelques désagréments. Pauvre vieux Georges ! cette fois, il avait cherché un nid de jument, et ce n'était pas une erreur. Sans doute ne pouvait-il pas épouser un voleur ; mais qui, dans son bon sens, attacherait une quelconque importance à cette histoire ? George avait fait ce qu'il considérait comme son devoir. Laissez-le reposer. Lorsqu'il verrait sa folie, Neaera lui pardonnerait, comme la gentille fille qu'elle était. En fait, Gérald a tout fait caca, et ce n'en était pas moins parce qu'il s'était attendu, non sans raison, à une accusation d'un tout autre caractère, plus impardonnable parce que pas si outrageusement improbable et sauvage.

Lord Tottlebury ne pouvait consentir à traiter ce qu'il décrivait comme « l'incident » d'une manière aussi cavalière. Il n'a pas épargné à ses auditeurs le précédent bien connu de la femme de César ; et bien qu'après une entrevue avec Neaera il fût convaincu de son innocence, il était à son avis hautement désirable que George désabuse son propre esprit de cette étrange notion par une enquête.

« Le mariage, de toute façon, n'aura pas lieu avant trois mois. Allez vous convaincre de votre erreur, et alors, mon cher George, nous ferons votre paix avec la dame. Je n'ai pas besoin de vous avertir de ne pas laisser l'affaire aller plus loin.

Être traité comme une personne bien intentionnée mais malavisée est la chose la plus exaspérante au monde, et George a travaillé dur pour garder son sang-froid sous ce traitement. Mais il reconnaissait qu'il aurait très bien pu s'en sortir pire et, en vérité, il ne demandait rien de plus qu'une suspension du mariage dans l'attente d'une enquête - une concession qu'il croyait savoir que Lord Tottlebury était prêt à faire, même si, bien sûr, des preuves devaient être apportées. dans un délai raisonnable.

"Je me sens obligé d'y réfléchir", a-t-il déclaré. « Comme je l'ai commencé, je n'épargnerai aucune peine. Personne ne souhaite plus que moi que je me sois ridiculisé. Et il s'est vraiment rapproché de cet état d'esprit louable comme il l'est dans la nature humaine à venir.

Avant la fin de la conférence, Lord Tottlebury a suggéré qu'il y avait une chose que George pouvait faire immédiatement : il pourrait nommer la date du procès à Peckton. George ne tenait pas de journal, mais il savait que cette expédition fatidique figurait parmi ses premiers voyages professionnels après son admission au Barreau. Seuls des hommes très jeunes se sont rendus à Peckton et, selon ses souvenirs, l'événement a eu lieu au mois d'avril suivant son appel.

« Il y a huit ans, avril était le moment idéal », a-t-il déclaré. "Je ne m'engage pas sur une journée."

« Vous vous engagez pour le mois ? » demanda son oncle.

"Oui, au mois, et j'ose dire que je pourrai trouver le jour."

« Et quand iras-tu à Peckton ?

"Samedi. Je ne peux pas avant.

L'entretien eut lieu le mardi soir, et le mercredi Gérald alla exposer la situation devant Nééra.

Neaera était irritable, méprisante, presque désinvolte. Plus que tout cela, elle était mystérieuse.

"M. George Neston a ses raisons », a-t-elle déclaré. « Il ne retirera pas son accusation. Je sais qu'il ne le fera pas.

« Ma très chère, George est un garçon de premier ordre, aussi honorable que le jour. S'il trouve… plutôt quand il trouve… »

Tout ce que Neaera a dit, c'est : « Honorable ! Mais elle a beaucoup investi dans ce seul mot. "Espèce, cher et simple garçon!" reprit-elle, vous n'avez de soupçon sur personne. Mais qu'il fasse attention à la façon dont il persiste.

On ne pouvait en tirer davantage d'elle, mais elle parlait librement de ses propres méfaits présumés, déversant un flot de ridicule et d'amertume sur la tête malheureuse de George.

"Tu le traites d'imbécile !" s'exclama-t-elle, en réponse à la défense timide de Gérald. "Je ne sais pas s'il est idiot, mais j'espère qu'il n'est pas pire."

"Qui le réchauffe si précieusement, Mme Witt?" » demanda la voix joyeuse de Tommy Myles. "La porte était entrouverte et vos paroles se sont imposées, vous savez."

"Comment allez-vous, M. Myles?"

"Comme vous m'aviez invité et que votre domestique n'était pas là, le portier m'a dit d'avancer."

«Je suis très heureux que vous l'ayez fait. Il n'y a rien que vous ne puissiez entendre.

"Oh, dis-je, Neaera!" S'exclama Gérald à la hâte.

"Pourquoi n'entendrait-il pas?" » demanda Neaera en se tournant vers lui avec une superbe indignation. « As-tu peur qu'il le croie ?

"Non; mais nous pensions tous… »

"Je voulais dire M. George Neston", a déclaré Neaera.

"George!" s'exclama Tommy.

"Et je vais vous dire pourquoi." Et, malgré les protestations de Gerald, elle a raconté son erreur dans les oreilles compatissantes et grandes ouvertes de Tommy.

"Là! Ne le dites à personne d'autre. Lord Tottlebury dit que nous ne devons pas le faire. Cela ne me dérange pas, pour ma part, qui le sait.

Tommy était dépassé. Son esprit refusait d'agir. "C'est un fou!" a-t-il déclaré. « Je ne crois pas qu'il soit sécuritaire de vivre avec lui. Il va me trancher la gorge, ou quelque chose comme ça.

"Oh non; sa folie est sous contrôle – une folie bien entraînée et obéissante », dit Neaera, retombant dans le mystère.

« Nous espérons tous », a déclaré Gerald, « qu'il découvrira bientôt son erreur et qu'il n'en résultera rien. Ferme ta bouche, mon garçon.

"D'accord. Je suis silencieux comme un tombeau froid. Mais je suis... »

"Tu as encore du thé?" » dit Neaera en souriant très gracieusement. Ne devrait-elle pas récompenser un si chaleureux champion ?

Lorsque les deux jeunes hommes prirent congé et s'éloignèrent ensemble, Tommy rivalisa même avec Gerald dans l'intensité de son indignation.

"Un mensonge! Bien sûr que oui, même si je ne veux pas dire que le vieux George n'y croit pas – le vieux con ! Eh bien, le simple fait qu'elle insiste pour m'en parler suffit. Elle ne ferait pas ça si c'était vrai.

"Bien sûr que non", acquiesça Gerald.

"Elle serait tout à fait d'accord pour que ça se taise."

Gérald accepta à nouveau.

"C'est uniquement pour le bien de George que nous tenons à garder le silence", a-t-il ajouté. "Bien sûr, Neaera ne voudrait même pas que ce soit partout dans la ville."

"Je suppose que je ferais mieux de dire à George que je sais?"

"Oh oui. Vous ne manquerez pas de le montrer à votre manière.

George ne montra aucun étonnement en apprenant que Neaera s'était faite une confidente de Tommy Myles. Cela correspondait tout à fait au rôle qu'elle jouait, tel qu'il le concevait. Il n'était pas non plus mécontent des réprimandes franches de Tommy.

« Ne vous mêlez pas de choses désagréables quand vous n'y êtes pas obligé, mon fils », fut-il tout ce qu'il répondit à ces tirades. "Dîner à la maison?"

"Non," renifla Tommy, très énervé.

"Tu ne rompras pas le pain avec des gens comme moi ?"

"Je vais au spectacle et souper ensuite."

"Avec qui?"

«Eunice Beauchamp.»

"Cher moi, quel joli nom !" dit Georges. « Abréviation de « Betsy Jones », je suppose ? »

«Allez au diable», dit Tommy. "Tu ne vas pas l'accuser de connard, n'est-ce pas ?"

"Elle kidnappe des petits garçons", a déclaré George, qui se sentait en droit de se venger, "et les garde jusqu'à ce qu'ils soient presque adultes."

"Je ne crois pas que tu l'aies jamais vue de ta vie."

"Oh oui, je l'ai fait - la première pièce à laquelle je suis allé, il y a vingt ans."

Et alors, qu'en est-il d'Eunice Beauchamp, *alias* Betsy Jones, et de Neaera Witt, *alias* - quoi ? - deux amies qui se sont séparées pour cette soirée avec un manque de cordialité.

« Elle joue un jeu audacieux », pensa George en mangeant sa côtelette solitaire ; « mais trop audacieux. Vous en faites trop, Mme Witt. Une jeune fille innocente ne dirait pas ce genre de chose à un étranger, même si c'était faux.

Cette réflexion montrait seulement que les choses frappaient différemment les esprits.

George avait besoin de réconfort. Le sentiment du Serpent en Éden était fort en lui. Il voulait quelqu'un qui non seulement reconnaisse son intégrité mais admire également sa discrétion. Il avait une carte pour la maison de Mme Pocklington et Isabel devait être là. Il irait causer avec elle ; peut-être qu'il lui raconterait tout cela, car la confiance de Neaera envers Tommy Myles l'avait sûrement absous de la stricte lettre de son serment de secret. Isabel était une fille sensée ; elle comprendrait sa position et ne le considérerait pas comme un mélange entre un idiot et un cambrioleur parce qu'il avait fait ce qui était manifestement juste. Alors George est allé chez Mme Pocklington avec tout le reste du monde ; car tout le monde y est allé. Mme Pocklington — Eleanor Fitzderham, qui épousa Pocklington, le grand armateur, député de Dockborough — avait fait plus pour unir les classes et les masses que des centaines de sociétés philanthropiques, et, on peut l'ajouter, d'une manière plus agréable ; et si, lors de ses soirées, les gros bonnets ne parlaient pas toujours aux petits bonnets, les petits bonnets étaient néanmoins dans la même pièce que les gros bonnets, ce qui est déjà quelque chose en ce moment, et en réalité à peu près aussi bon pour les besoins de référence future.

George traversa les salles bondées, reconnaissant de nombreuses connaissances au fur et à mesure. Il y avait M. Blodwell qui parlait à la dernière nouvelle beauté – il avait un talent merveilleux pour cela – et Sidmouth Vane qui parlait à la dernière nouvelle héritière, qui le refuserait dans un mois ou deux. Un philosophe athée discutait de la stagnation des marchés boursiers avec un évêque de la haute église, Mme. Pocklington avait toujours pour objectif d'initier les gens sur leurs points d'intérêt commun : et Lady Wheedleton, de la Primrose League, écoutait la description du professeur Dressingham de la nouvelle recette de fumier, avec l'impression que le sujet n'était pas tout à fait décent, mais pourrait être utile. aux élections. Le général Sir Thomas Swears demandait si quelqu'un avait vu le secrétaire à la Guerre : il avait un mot à lui dire au sujet du dernier fusil ; mais personne ne l'avait fait. La comtesse Hilda von Someveretheim expliquait le problème de « l'Angleterre la plus sombre » au ministre de la République de Compostelle ; Le juge Cutter, le mystique américain, interrogeait le capitaine de l'Oxford Boat Club sur la philosophie de Hegel, et Miss Zoé Ballance, la jolie actrice, discutait des rapports de l'art et de la morale avec le colonel Belamour des Gardes.

George était enclin à ne pas apprécier l'air de joie générale qui régnait dans les lieux : cela semblait un peu insensible. Mais il fut réconforté en apercevant Isabel. Elle parlait à un jeune homme mince qui portait des lunettes et avait une expression de visage qui laissait penser qu'il était surmené et surmené. En fait, il expliquait simplement à Miss Bourne que ce n'étaient pas tant les longues heures que ce qu'il décrivait graphiquement comme une « tiraillement sur les nerfs » qui l'épuisait. Isabel n'avait jamais souffert de cette torture particulière, mais elle était très sympathique, disait qu'elle avait souvent entendu la même chose de la part d'autres hommes de lettres (ce qui était vrai) et promit de descendre souper avec M. Espion plus tard dans la soirée. M. Espion vaquait à ses affaires (car, en fait, il « faisait » la fête pour la *cible*), et la voie était libre pour George, qui prit un air volontairement lugubre. Bien sûr, Isabel lui a demandé quel était le problème ; et, d'une manière ou d'une autre, il arriva qu'en moins de dix minutes elle était en possession de tous les faits importants, si tant est qu'ils fussent des faits, concernant Neaera Witt et la paire de chaussures.

L'effet fut nettement décevant. L'amabilité dégénère en simplicité lorsqu'elle conduit au refus d'accepter des faits évidents simplement parce qu'ils mettent en cause le caractère d'une connaissance ; et à quoi sert la dévotion féminine si elle peine à accepter ce que vous dites, simplement parce que vous dites quelque chose d'un peu surprenant ? George était très ennuyé.

"Je ne me trompe pas", a-t-il déclaré. "Je n'ai pas parlé à la hâte."

"Bien sûr que non", a déclaré Isabel. "Mais... mais vous n'avez aucune preuve réelle, n'est-ce pas, George ?"

"Pas encore; mais je l'aurai bientôt.

"Eh bien, à moins que vous ne l'obteniez très bientôt———"

"Oui?"

"Je pense que vous devriez retirer ce que vous avez dit et vous excuser auprès de Mme Witt."

"En fait, tu penses que j'ai eu tort de parler ?"

«Je pense que j'aurais dû attendre d'avoir une preuve; et puis, peut-être...

"Tout le monde semble me prendre pour un con."

« Pas *ça* , George ; mais un peu... enfin... imprudent.

"Je ne le retirerai pas."

« Pas si vous n'obtenez aucune preuve ? »

George éluda cette question pointue et, comme l'entretien était en réalité moins apaisant qu'il ne l'avait imaginé, il saisit une première occasion de s'enfuir.

M. Espion revint et demanda pourquoi Neston était parti si boudeur. Isabel a souri et a dit que M. Neston était en colère contre elle. Quelqu'un pourrait-il être en colère contre Miss Bourne ? demanda M. Espion, et ajouta :

"Mais Neston est plutôt grincheux, n'est-ce pas ?"

"Pourquoi dites vous cela?" demanda Isabelle.

« Ah, je ne sais pas. Eh bien, le fait est que je parlais à Tommy Myles au Cancan... »

« Où, M. Espion ?

"Au théâtre, et il m'a dit que Neston avait une larve dans la tête..."

"Je ne pense pas qu'il devrait dire ça."

Mais faut-il écouter plus longtemps ? Et à qui la faute : celle de Neaera, ou celle de George, ou celle d'Isabel, ou celle de Tommy, ou celle de M. Espion ? C'est ce qui devint la question par la suite, lorsque Lord Tottlebury fut face à face avec le pacte violé et avec l'édition du lendemain du *Bull's-eye* .

CHAPITRE V.
LE PREMIER PARAGRAPHE — ET AUTRES.

SOUS la pression des circonstances, les hommes font très souvent ce qu'ils ont déclaré impossible de faire ; cela arrive aussi bien aux particuliers qu'aux partis politiques. George a déclaré qu'il ne pourrait pas se rendre à Peckton avant samedi ; mais il était si dégoûté de sa position qu'il abandonna tous les autres engagements et partit tôt jeudi matin, déterminé à ne plus affronter ses amis sans essayer de prouver ses paroles. Le vieux Dawkins était mort, mais le commis était, et le policier était peut-être vivant ; et, à son retour en ville, il put voir Jennings, le fils du commis, qui s'était installé comme agent de transfert de propriété à Lincoln's Inn, et essayer de rafraîchir sa mémoire avec des matériaux rassemblés sur place. Car George avait déjà vu M. Jennings, et M. Jennings ne s'en souvenait de rien (ce n'était pas son premier mémoire), mais il était prêt à essayer de se souvenir de l'affaire si George lui donnait les détails et lui faisait voir une photo de l'affaire. personne recherchée – une demande à laquelle George ne souhaitait pas se conformer pour le moment.

Il se rendit donc à Peckton et découvrit peut-être autant de choses qu'il pouvait raisonnablement s'attendre à découvrir, comme cela apparaîtra en temps voulu. Et pendant son absence, plusieurs choses se sont produites. En premier lieu, le *Bull's eye* a été publié, contenant ce qui est devenu connu sous le nom de « Premier paragraphe ». Le « premier paragraphe » était intitulé « Étrange accusation contre une dame – rumeurs de procédure » et indiquait la famille Neston, Neaera Witt et George, de manière à permettre à leurs amis de les identifier. Ce paragraphe a été inséré dans le but de donner à Neaera, ou à George, ou aux deux, selon le cas, ou à toute autre personne susceptible d'être « attirée », l'occasion de le contredire. Le deuxième événement a été que les amis des Neston les ont identifiés et ont commencé à ouvrir l'esprit de tous ceux qui ne l'avaient pas fait.

Puis M. Blodwell lut la *cible* , comme à son habitude, et éjacula pensivement « Peckton ! et Lord Tottlebury, étant au club, se vit montrer la *cible* par un ami, qui ne pouvait vraiment pas faire moins, et rentra chez lui distrait ; Tommy Myles le lut et, pris de conscience, s'enfuit à Brighton pour prendre l'air pendant trois jours ; et Isabelle l'a lu, et l'a avoué à sa mère, et a été grondée et a pleuré ; Gérald le lut et se décida à donner un coup de pied à toutes les personnes concernées, à l'exception, bien sûr, de Neaera ; et finalement Neaera le lut, et fut plutôt effrayée et plutôt excitée, et ceint son armure pour le combat.

Gérald, cependant, était conscient que le processus qu'il avait en tête, aussi satisfaisant qu'il puisse être pour ses propres sentiments, ne prouverait pas à tous égards une solution à la difficulté et, avec l'égoïsme qu'une crise dans les propres affaires d'un homme engendre, il n'a eu aucun scrupule à prendre une heure entière du temps de M. Blodwell et à exposer longuement ses vues, sous couvert de prendre conseil. M. Blodwell a écouté son récit des faits avec intérêt, mais a coupé court à son flot de commentaires indignés.

« Le problème, c'est que cela a été publié dans les journaux », a-t-il déclaré. "Mais pour ça, je ne vois pas que cela importe beaucoup."

"Ça n'a pas beaucoup d'importance ?" haleta Gérald.

"Je suppose que tu ne te soucies pas de savoir si c'est vrai ou non?"

«C'est une question de vie ou de mort pour moi», répondit Gerald.

"Étalages! Elle ne volera plus de chaussures maintenant, elle est une femme riche.

« Vous parlez, monsieur, comme si vous pensiez… »

« Je n'ai pas d'opinion sur le sujet, et cela n'aurait aucune importance si j'en avais. La question est en bref la suivante : à supposer que cela soit vrai, voudriez-vous l'épouser ? »

Gérald se jeta sur une chaise et se mordit l'ongle.

« Huit ans, c'est il y a longtemps ; et la pauvreté est une chose difficile ; et c'est une jolie fille.

"C'est une hypothèse absurde", a déclaré Gerald. "Mais un voleur est un voleur."

"Vrai. Il en va de même pour bien d'autres personnes.

« Je devrais penser à mon père et… et à la famille.

"Devrais-tu? Je devrais voir la famille au diable. Mais voilà : si c'était vrai, tu ne l'épouserais pas.

"Comment pourrais-je?" gémit Gérald. "Nous devrions être supprimés."

M. Blodwell sourit.

«Eh bien, mon ardent amant, dit-il, cela étant, tu ferais mieux de ne rien faire avant de voir si c'est vrai.»

"Pas du tout. Je n'ai pris que l'hypothèse ; mais je n'ai aucun doute que ce soit un mensonge.

« Une erreur, oui. Mais c'est dans le *mille* et il faut compter avec une erreur dans les journaux.»

"Que dois-je faire?"

« Attendez que George revienne. En attendant, taisez-vous.

"Je vais contredire ce mensonge."

« Mieux vaut ne pas le faire. Ne leur écrivez pas, ne les voyez pas et ne laissez personne d'autre jusqu'au retour de George. Et, Gerald, si j'étais toi, je ne devrais pas me disputer avec George.

"Il le retirera ou le prouvera."

M. Blodwell haussa les épaules et s'occupa ostensiblement de l'affaire *Pigg* c. *le Conseil local de Slushton-under-Mudd*. «C'est un point très étrange», remarqua-t-il. « Le système de drainage de Slushton est... » Et il s'arrêta avec un petit rire en voyant le dos de Gerald disparaître. Il l'appela...

« Allez-vous chez Mme Witt cet après-midi ?

"Non", répondit Gérald. "Ce soir."

M. Blodwell resta assis au travail pendant dix minutes supplémentaires. Puis il a sonné.

"M. Neston est parti, Timms ?

"Oui Monsieur."

"Alors prends un quatre-roues." Et il ajoutait : «Je voudrais la revoir, sous ce nouveau jour. Je me demande si elle va me laisser entrer.

Neaera le laissa entrer. En fait, elle parut très heureuse de le voir et accepta avec douceur sa part de sa censure générale sur les « bavardages » qui s'étaient produits.

« Vous voyez, dit-elle en lui tendant une tasse de thé, cela ne me paraissait guère sérieux. J'étais en colère, bien sûr, mais presque plus amusé qu'en colère.

"Naturellement", répondit M. Blodwell. – Mais, ma chère demoiselle, tout ce qui est public est sérieux. Et cela est désormais public, car demain, sans doute, *la cible* donnera tous vos noms et adresses.

"Je m'en fiche", a déclaré Neaera.

M. Blodwell secoua la tête. "Vous devez penser à Gerald et à son peuple."

« Gerald ne doute pas de moi. S'il l'a fait... Neaera laissa le sort de son amant récréatif à l'imagination.

« Mais Lord Tottlebury et le monde en général ? Le monde dans son ensemble en doute toujours.

"Je suppose que oui", dit tristement Neaera. "Heureusement, j'ai des preuves concluantes."

« Ma chère Mme Witt, pourquoi ne l'avez-vous pas dit avant ? »

« Avant, il y avait quelque chose à rencontrer ? Est-ce votre façon de faire, M. Blodwell ?

"George pourrait rapporter quelque chose à rencontrer."

Neaera se leva et se dirigea vers son bureau. "Je ne sais pas pourquoi je ne devrais pas te le montrer", dit-elle. «J'allais juste l'envoyer à Lord Tottlebury. Ce sera une agréable surprise pour M. George Neston quand il reviendra de Peckton avec ses épreuves ! Elle tendit à M. Blodwell une feuille de papier à lettres.

Il le prit, jetant un rapide coup d'œil à Neaera. « Voulez-vous que je lise ceci ? »

« Cela vous dévoile les secrets de mes débuts », a-t-elle déclaré. "Vous voyez, je n'ai pas toujours été aussi bien loti qu'aujourd'hui."

M. Blodwell ajusta ses lunettes et parcourut le document qui indiquait que Mlle N. Gale était entrée au service de Mme Philip Horne, de Balmoral Villa, Bournemouth, comme compagne de cette dame, en mars 1883, et qu'elle y restait. ce service jusqu'au mois de juillet 1883 ; que, pendant toute cette période, elle se conduisit avec convenance ; qu'elle lisait à haute voix avec habileté, commandait un ménage avec discrétion et ménageait avec tact une vieille dame difficile (c'est une paraphrase des mots de l'écrivain) ; enfin, qu'elle est partie, de son propre gré, au grand regret de la susnommée Susan Horne.

Neaera observait M. Blodwell pendant qu'il lisait.

« Dix-huit quatre-vingt-trois ? a-t-il dit; "C'est l'année en question?"

"Oui, et avril est le mois en question, le mois que je suis censé avoir passé en prison !"

"Tu n'as pas montré ça à George?"

"Non. Pourquoi devrais-je? En plus, je ne savais pas alors quand il était sorti avec mon crime.

M. Blodwell trouva un peu bizarre qu'elle ne lui ait pas demandé. « Il devrait certainement le voir immédiatement. Avez-vous vu quelque chose de Mme Horne récemment ?

"Oh non; J'aurais peur qu'elle soit morte. C'était une vieille dame très faible.

"C'est... c'est peut-être... très chanceux que vous ayez cela."

« Oui, n'est-ce pas ? Je n'aurais jamais dû me souvenir de l'heure exacte à laquelle je suis allé chez Mme Horne.

M. Blodwell a pris son départ dans un état d'esprit qu'il jugeait déraisonnable. Neaera avait été, se disait-il, la plus franche, la plus charmante, la plus satisfaisante. Pourtant, il était possédé par un désir irrésistible de contre-interroger Neaera.

« Peut-être que ce n'est qu'une habitude », se dit-il. "Une protestation d'innocence éveille tous mes instincts de combattant."

Le lendemain, on a assisté à la publication du « Deuxième paragraphe », et le deuxième paragraphe faisait clairement comprendre à tout le monde que quelqu'un devait défendre sa réputation. Le public ne se souciait pas de savoir qui faisait cela, mais il se sentait en droit de demander une action dans laquelle toute l'affaire serait débattue pour l'avancement de la justice et du divertissement publics. Le *Bull's Eye* lui-même a adopté ce point de vue. Il implorait Neaera, ou George, ou quelqu'un d'autre de le poursuivre en justice, s'ils ne voulaient pas se poursuivre mutuellement. Il avait donné des noms, des adresses, des dates et des détails. Le plaignant le plus exigeant pourrait-il en demander davantage ? Si aucune action n'était intentée, il était clair que Neaera avait volé les chaussures et que George l'avait calomniée, et que les Neston en général hésitaient à enquêter sur l'histoire familiale ; tout cela serait encore plus clair s'ils poursuivaient leur conduite extraordinaire en ne transmettant pas de récits personnels pour l'information du public et l'accommodement de la *cible* .

Dans cette tourmente, George fut plongé à son retour de Peckton. Il y avait été détenu pendant deux jours et n'était arrivé à son appartement que tard dans la soirée de vendredi. Il fut accueilli par deux numéros de la *cible* , soigneusement affichés sur sa table ; par une épître enflammée de Gérald, exigeant du sang ou des excuses ; par deux chants funèbres pénitentiels d'Isabel Bourne et de Tommy Myles ; et enfin, par une note glaciale de Lord Tottlebury, joignant le témoignage de Mme Philip Horne sur le caractère et les réalisations de Miss N. Gale. De l'avis de Lord Tottlebury, une seule voie était, dans les circonstances, ouverte à un gentleman.

Les philanthropes remarquent souvent, *à propos* d'autres philanthropes, qu'il est plus facile de faire du mal que du bien, même quand on est, pour ainsi dire, un expert dans le domaine du bien. George commença à penser que ses efforts amateurs pour préserver la réputation de la famille et punir un malfaiteur ressemblaient à une justification de la véracité de ce principe général. Il y avait là un nid de frelons autour de ses oreilles ! Et ce qu'il rapporterait rendrait-il les bourdonnements moins furieux ou les piqûres moins actives ? Il ne le pensait pas.

« Une jeune fille peut-elle se trouver à deux endroits à la fois, » demanda-t-il, « dans l'une des prisons de Sa Majesté, et aussi à… où est-elle ?… Balmoral Villa, à Bournemouth ? Et il plaça côte à côte la lettre de Mme Horne et une certaine photographie qui faisait partie du butin de son expédition.

George n'avait aucun doute sur le fait qu'il s'agissait d'une photographie de Neaera Witt, même si elle portait clairement l'inscription « Nelly Game ». Il ne fait aucun doute qu'il s'agissait d'une photographie de la jeune fille qui avait volé les chaussures, soigneusement prise et conservée en vue de protéger la société contre de futures déprédations de sa part. C'était une propriété de la Couronne, supposait George, et il n'avait probablement rien à faire avec cela, mais un homme peut obtenir beaucoup de choses avec lesquelles il n'a rien à voir avec la moitié d'un souverain, la somme que George avait payée pour le prêt. Il faut se rappeler soigneusement que Peckton est exceptionnel, et non typique, par le laxisme de son administration, et qu'un long règne de despotisme solitaire avait sapé la moralité du gros policier.

L'art de la photographie a fait de nombreux progrès ces dernières années. C'est moins un moyen de réduire l'orgueil qu'autrefois, et moins un moyen de révéler à quel point une personne donnée peut paraître mauvaise dans des circonstances favorables. Mais Peckton était en retard, ici comme partout. Le portrait de Nelly Game rendait vaguement justice à Neaera Witt, et huit années d'usure l'avaient laissé flou et estompé presque au point de devenir indistinct. C'était très bien pour George de le reconnaître. En toute franchise, il devait admettre qu'il doutait que cela parvienne à convaincre ceux qui ne le voulaient pas. En outre, un grand changement se produit entre dix-sept et vingt-cinq ans, même lorsque dix-sept n'est pas à moitié affamé et vêtu de haillons, vingt-cinq vivant dans le luxe et paré des splendeurs de la chapellerie.

« Cela ne suffira pas », a-t-il déclaré, « mais cela aidera. Jetons un coup d'œil à ce document. Après l'avoir lu, il siffla doucement. « Oh, ho ! un alibi. Maintenant, je l'ai ! il s'est excalmé.

Mais l'avait-il fait ? Il relut attentivement la lettre. C'était une lettre assez plausible et concluante, à moins qu'il ne soit prêt à accuser Mme Witt de projets plus profonds et d'accomplissements plus dangereux qu'il n'avait encore pensé à le faire.

Les hommes se trompent parfois, dit une voix en lui ; mais il ne voulait pas écouter.

« Je vais y revoir demain, » dit-il, « et découvrir qui est « Susan Horne ».

Puis il lut ses lettres, maudit sa chance et se coucha misérable.

La présentation de la vérité, et non l'inculcation de la moralité, étant la fin de l'art, il convient de remarquer qu'il s'est couché misérable simplement et uniquement parce qu'il avait essayé de faire son devoir.

CHAPITRE VI.
UNE ÉPREUVE RÉUSSIE.

L' opinion générale était que Gerald Neston s'était comporté de manière stupide en se laissant interviewer par le *Bull's eye* . En effet, il est plutôt étrange, compte tenu de la désapprobation quasi universelle de la pratique des entretiens, de constater à quel point les entretiens sont fréquents. *Damnantur et crescunt* ; et l'humanité accepte d'excuser sa propre faiblesse en postulant une ingéniosité et une audace irrésistibles chez l'intervieweur. Ainsi, Gérald fut publiquement blâmé et béni en privé pour avoir dit dans le *mille* qu'une accusation atroce avait été portée contre la dame en question et portée par quelqu'un qui aurait dû être le dernier à la porter et qui serait, espérait-il, le premier. pour le retirer. L'accusation concernait sérieusement le caractère de la dame, et seules les excuses les plus complètes pouvaient être acceptées. Il préfère ne pas entrer dans les détails pour le moment ; il espère même que cela ne sera jamais nécessaire.

Tel pourrait être l'espoir de Gerald. Ce n'était pas l'espoir de la *cible* , ni d'ailleurs de la société en général. Quoi de plus mal avisé que de laisser entendre des choses effroyables et de refuser toute information ? Une telle démarche laissait simplement l'imagination errer, librement, à travers le calendrier de Newgate, attribuant à Mme Witt (le nom de la dame calomniée était à cette époque un domaine public) tout ou partie des actions qui y étaient enregistrées.

« C'est comme une facture vierge », a déclaré Charters, l'avocat commercial, à M. Blodwell ; "Vous le remplissez autant que le timbre le permet."

"Plus vous êtes fous de commérages", répondit M. Blodwell très grossièrement et de manière tout à fait injustifiable, car le pauvre homme voulait simplement indiquer une tendance naturelle, et non déclarer sa propre idée de ce qui était convenable. Mais M. Blodwell était en colère ; Tout le monde s'était ridiculisé, pensait-il, et il était pendu – du moins pendu – s'il parvenait à s'en sortir.

Le nom de George n'avait pas encore été réellement mentionné, mais tout le monde savait de qui il s'agissait, ce « parent de Lord Tottlebury, dont l'expérience juridique, au moins, aurait dû l'empêcher de porter des accusations sans fondement ; et la position de George était loin d'être agréable. Il commença à voir, ou à croire qu'il voyait, des hommes qui le regardaient de travers ; son entrée fut l'occasion d'une brusque pause dans la conversation ; ses relations avec sa famille étaient, il va sans dire, intolérables au dernier degré ; et enfin, Isabel Bourne s'était ouvertement tournée vers l'ennemi, avait obligé sa mère à inviter Neaera Witt à dîner et avait croisé George dans le parc avec un simple salut moqueur. Il avait hâte de mettre les choses au point d'une manière ou d'une autre, et à cette fin il écrivit à Lord Tottlebury, lui demandant d'organiser une rencontre avec Mme Witt.

« Comme vous le savez, dit-il, je suis allé à Peckton. Je vous ai déjà raconté ce que j'y ai trouvé, dans la mesure où cela concernait la condamnation de « Nelly Game ». Je désire maintenant donner à certaines personnes qui connaissaient « Nelly Game » l'occasion de voir Mme Witt. Nul doute qu'elle ne soulèvera aucune objection. Blodwell veut bien mettre ses appartements à notre disposition ; et je pense que ce serait le meilleur endroit, car cela éviterait les commérages et la curiosité des domestiques. Mme Witt nommera-t-elle un jour et une heure ? Mes compagnons et moi nous ferons un devoir de nous adapter à sa convenance.

Les « compagnons » de George n'étaient autres que l'employé capricieux et le gros policier. La gardienne avait disparu ; et bien qu'il y ait quelques fonctionnaires de la prison dont les fonctions dataient d'avant l'emprisonnement de Nelly Game, George estima que, à moins que ses deux premiers témoins ne soient favorables, il serait inutile d'insister sur l'affaire, et il ne fit pas appel à leurs services pour le moment. M. Jennings, l'avocat de Lincoln's Inn, s'était révélé totalement désespéré. George lui montra la photo. "Je n'aurais pas dû le reconnaître chez Eve", a déclaré M. Jennings; et George sentit qu'il pouvait, sans duplicité, ignorer un témoin aussi inutile.

Neaera rit un peu de la proposition lorsqu'elle lui fut soumise, mais exprima sa volonté d'y consentir. Gerald était presque en colère contre elle pour ne pas être en colère contre l'indignité.

« Il va trop loin : sur ma parole, il le fait ; » il murmura.

"Qu'importe, chérie?" demanda Nééra. "Ce sera plutôt amusant."

Lord Tottlebury leva la main en signe de grave protestation.

« Ma chère Nééra ! » a-t-il dit.

"Ce n'est pas très amusant pour George", remarqua Gerald avec un sombre triomphe.

"Je suppose que les appartements de M. Blodwell feront l'affaire?" » demanda lord Tottlebury. "Cela semble pratique."

Mais ici, Neaera, à sa grande surprise, avait ses propres opinions. Elle n'allait pas dans des chambres moisies pour être dévisagée — oui, Gerald, tous les avocats le regardaient — et prise pour une personne en rupture de promesse, et généralement souillée par une boue juridique. Non : elle ne voudrait pas non plus avoir les espions de M. George Neston dans sa maison ; elle ne s'en soucierait pas non plus.

"Alors ce doit être dans ma maison", a déclaré Lord Tottlebury.

Neaera acquiesça, ajoutant simplement que les objets de valeur feraient mieux d'être mis sous clé.

"Et quand? Nous ferions mieux de dire un après-midi, je suppose.

"Je suis fiancé tous les après-midi pendant quinze jours."

« Ma chère, dit Lord Tottlebury, les affaires doivent primer. »

Nééra ne le vit pas ; mais enfin elle fit une suggestion. « Je dîne avec vous *en famille* après-demain. Alors laissez-les venir.

"Ça fera l'affaire", dit George. "Dix minutes après le dîner régleront toute l'affaire."

Lord Tottlebury ne fit aucune objection. George avait suggéré que quelques autres dames soient présentes, pour rendre le procès plus équitable ; et il fut décidé d'inviter Isabel Bourne et Miss Laura Pocklington, fille de la grande Mme Pocklington. Mme Pocklington viendrait avec sa fille et on pensait que sa présence ajouterait de l'autorité aux débats. Maud Neston était absente ; en fait, son absence avait été jugée souhaitable, en attendant le règlement de cette désagréable affaire.

Lord Tottlebury tirait toujours le meilleur parti de ses chances de solennité et, s'il était laissé à lui-même, il aurait investi l'occasion présente d'un caractère impressionnant qui n'était pas loin d'une condamnation à mort. Mais il était impuissant devant la frivolité déterminée avec laquelle Nééra traitait toute cette affaire. Mme Pocklington s'est apparemment retrouvée invitée à assister à une farce, au lieu d'un mélodrame, et avec son tact célèbre a immédiatement reconnu la situation, son enjouement élaboré a sanctionné le bavardage écervelé des filles et a fait paraître la féroce indignation de Gerald. disproportionné par rapport au sujet. Le dîner se passa dans un tourbillon de plaisanteries et de quolibets, George fournissant amplement de matière ; Ensuite, les dames, rouges de rires passés et cédant constamment à de nouvelles hilarités aux sorties de Nééra, attendirent l'arrivée de Georges et de son groupe sans diminuer leur gaieté.

On frappa à la porte.

"Voici les serviteurs de la loi, Mme Witt!" s'écria Laura Pocklington.

"Alors je dois me préparer pour le donjon", dit Neaera en réarrangeant ses cheveux devant un miroir.

"Cela me rappelle beaucoup", a déclaré Mme Pocklington, "la chère reine d'Écosse."

Lord Tottlebury, malgré ses préoccupations, commençait à discuter du bien-fondé de l'épithète de Mme Pocklington, lorsque George entra. Il avait l'air las, ennuyé, dégoûté. Après avoir serré la main de Lord Tottlebury, il s'inclina généralement devant la salle et dit :

« Je propose de faire entrer M. Jennings, le greffier, en premier ; puis le policier. Il vaudrait mieux qu'ils viennent séparément.

Lord Tottlebury hocha la tête. Gérald avait ostensiblement tourné le dos à son cousin. Mme Pocklington s'éventait avec un air de protestation amusée, que les filles reproduisaient sous une forme plus large. Personne ne parla, jusqu'à ce que Neaera elle-même dise en riant :

"Organisez vos effets comme bon vous semble, M. Neston."

Georges la regarda. Elle était habillée avec une richesse extraordinaire, compte tenu de l'occasion. Son cou et ses bras, découverts par sa robe du soir, brillaient de diamants ; un diadème des mêmes pierres ornait ses cheveux d'or, qui étaient disposés en une haute érection sur sa tête. Elle rencontra son regard avec un défi moqueur, souriant en réponse au sourire sarcastique sur son visage. Le sourire de George fut provoqué par la reconnaissance de la tactique de son adversaire. Son choix du moment et du lieu lui avait permis d'appeler à son aide tous les arts de la chapellerie et les ressources de la richesse pour éblouir et aveugler les yeux de ceux qui cherchaient à retrouver en elle la minable fille à queue traînante de huit ans auparavant. Le vieux M. Jennings avait fait l'objet de vives protestations. Il était, disait-il, à moitié aveugle il y a huit ans, et à plus de moitié maintenant ; il avait vu des centaines de jeunes criminels intéressants et ne pouvait pas plus les distinguer les uns des autres que l'œuf du petit-déjeuner d'aujourd'hui de celui de la semaine précédente ; quant aux photographies de police, tout le monde savait qu'elles ne faisaient qu'obscurcir la vérité. Il est quand même venu, parce que George l'avait contraint.

Neaera, Isabel et Laura Pocklington prirent place côte à côte, Neaera à droite, appuyant son bras sur la cheminée, dans sa pose préférée de hauteur languissante ; Isabel était à côté d'elle. Lord Tottlebury rencontra M. Jennings avec une froide politesse et lui donna une chaise. Le vieil homme essuya ses lunettes et les mit. Une pause s'ensuivit.

"George", dit Lord Tottlebury, "je suppose que vous avez expliqué?"

"Oui", dit Georges. "M. Jennings, pouvez-vous dire si l'une des personnes présentes et laquelle est Nelly Game ? »

Gérald se retourna pour regarder le procès.

« La personne soupçonnée – censée être Nelly Game – est-elle dans la pièce ? » » demanda M. Jennings avec une certaine surprise. Il s'était attendu à voir un groupe de servantes.

"Certainement", dit Lord Tottlebury avec un sourire sinistre. Et Mme Pocklington rit.

"Alors je ne peux certainement pas", a déclaré M. Jennings. Et il y eut une fin à tout cela, une fin qui n'était autre que celle à laquelle George s'attendait. Le gros policier lui servait d'ancre.

Le gros policier, ou pour lui donner son propre nom, le sergent Stubbs, contrairement à M. Jennings, s'amusait. Un voyage *gratuit* à Londres , avec des dépenses généreuses et une identification à la fin : le cœur d'un mortel constable pourrait-il désirer davantage ? Vous connaissez la fille ? Bien sûr qu'il le ferait, parmi mille ! C'était son affaire de connaître les gens et il n'avait pas l'intention d'échouer, surtout au service d'un employeur aussi prévenant. Il entra donc avec confiance, s'assit et reçut ses instructions avec une imperturbabilité professionnelle.

Les dames se levèrent et sourirent à Stubbs. Stubbs s'assit et observa les dames et, étant un homme dans l'âme, pensa qu'il s'agissait d'un groupe de filles aussi probables qu'il n'en avait jamais vu ; alors il l'a dit à Mme Stubbs par la suite. Mais qui était Nelly Game ?

« Ce n'est pas elle au milieu », dit enfin Stubbs.

"Alors," dit George, "nous n'avons plus besoin de déranger Miss Bourne."

Isabel alla s'asseoir, avec un mouvement de tête dédaigneux, et Laura Pocklington et Neaera se tenaient côte à côte.

«J'ai l'impression que c'était le jugement de Paris», murmura ce dernier d'une voix audible, et Mme Pocklington et Gerald rirent. Stubbs s'était déjà rendu à Paris pour affaires, mais il ne voyait pas ce que cela avait à voir avec l'occasion présente, à moins qu'il ne s'agisse d'une condamnation antérieure.

« Ce n'est pas elle », dit-il après une autre pause, pointant un index trapu vers Laura Pocklington.

Il y eut un petit frisson de consternation. George réprima strictement toute indication de satisfaction. Neaera restait calme et souriante, jetant un regard de gentillesse amusée sur Stubbs ; mais la paume de la main blanche sur la cheminée devenait rose à mesure que les doigts blancs s'y pressaient.

« Voudriez-vous me voir un peu plus près ? » demanda-t-elle et, s'avançant vers Stubbs, elle se plaça juste en face de lui.

George avait envie de crier « Brava ! » comme s'il était à la pièce.

Stubbs était perplexe. Il y avait une ressemblance, mais il y avait aussi tellement de dissemblances. Ce n'était vraiment pas juste d'habiller les gens différemment. Comment un homme pouvait-il les connaître ?

« Puis-je revoir la photo, monsieur ? il a demandé à George.

"Certainement pas", s'exclama Gérald avec colère.

George l'ignora.

« Je préférerais, dit-il, que vous nous disiez ce que vous pensez sans cela. »

George avait envoyé la photographie à Lord Tottlebury, et tout le monde l'avait regardée et avait déclaré qu'elle ne ressemblait pas du tout à Neaera.

Stubbs reprit son enquête. Enfin il dit, en mettant sa main sur ses yeux :

"Je ne peux pas lui jurer, monsieur."

"Très bien", dit George. "Ça fera l'affaire."

Mais Neaera éclata de rire.

«Jure-moi, M. Stubbs!» dit-elle. "Mais tu veux dire que tu penses que je suis comme cette Nelly Games ?"

« Jeu », pas « Jeux », Mme Witt », dit George en souriant à nouveau.

"Eh bien, alors, 'Jeu'."

"Oui, mademoiselle, vous la regardez."

"Bien sûr qu'elle l'a fait", a déclaré Mme Pocklington, "sinon M. George n'aurait jamais commis l'erreur." Mme Pocklington aimait George et voulait le laisser tomber facilement.

"C'est tout ce que tu peux dire?" » demanda lord Tottlebury.

"Oui Monsieur; Je veux dire, mon seigneur.

« Cela n'aboutit à rien », dit Lord Tottlebury d'un ton décisif.

"Rien du tout", a déclaré George. « Merci, Stubbs. Je vous rejoindrai ainsi que M. Jennings dans un instant.

"Au revoir, M. Stubbs", dit Neaera. "Je suis sûr que j'aurais dû te connaître si je t'avais déjà vu auparavant."

Stubbs se retira, croyant avoir reçu un compliment.

"Bien sûr, cela met fin à l'affaire, George", a déclaré Lord Tottlebury.

"Je devrais l'espérer", a déclaré Gerald.

Georges regarda Nééra ; et à mesure qu'il le regardait, la conviction devenait plus forte en lui qu'elle était Nelly Game.

"M. George Neston n'est pas convaincu », dit-elle d'un ton moqueur.

"Peu importe que je sois convaincu ou non", a déclaré George. "Il n'existe aucune sorte de preuve pour prouver l'identité."

Gérald sursauta, indigné. « Voulez-vous dire que vous ne vous rétracterez pas ? »

« Vous pouvez exposer tous les faits ; Je ne dirai rien.

« Vous vous excuserez, ou… »

"Gerald", dit Lord Tottlebury, "cela ne sert à rien."

On avait le sentiment que George se comportait très mal. Tout le monde le pensait et le disait ; et tous, sauf Nééra, l'exhortèrent ou le supplièrent de s'avouer victime d'une erreur absurde. L'affaire étant devenue publique, rien de moins ne pouvait être accepté.

George hésita. «Je vous le dirai demain», dit-il. "En attendant, permettez-moi de rendre ce document à Mme Witt." Il sortit la lettre de Mme Horne et la posa sur la table. « J'ai osé en prendre une copie », dit-il. "Comme l'original a de la valeur, j'ai pensé qu'il valait mieux le rendre."

"Merci", dit Neaera, et elle s'avança pour le prendre.

Gérald s'empressa de le lui chercher. Tandis qu'il le prenait, son regard tomba sur l'écriture, car George l'avait posée ouverte sur la table.

"Eh bien, Neaera," dit-il, "c'est de ta main !"

George sursauta, et il crut voir Neaera sursauter de façon perceptible.

"Bien sûr", dit-elle. "Ce n'est qu'une copie."

« Ma chère, vous ne me l'avez jamais dit, » dit lord Tottlebury ; "et je n'ai jamais vu votre écriture."

"Gérald et Maud l'ont fait."

"Mais ils n'ont jamais vu ça."

«C'était stupide de ma part», dit Neaera avec pénitence; « mais je n'ai jamais pensé qu'il y avait une erreur. Quelle différence cela fait?"

Le cœur de George était endurci. Il était sûr qu'elle avait, sinon essayé de faire passer la copie pour l'original du premier, du moins profité de l'erreur.

"Avez-vous l'original?" Il a demandé.

"Non", dit Neaera. "Je l'ai envoyé à quelqu'un il y a très longtemps et je ne l'ai jamais récupéré."

« Quand avez-vous fait cette copie ?

"Quand j'ai renvoyé l'original."

"À qui?" reprit George.

«Je ne l'aurai pas», s'écria Gérald. « Vous ne la contre-interrogerez pas avec vos insinuations infernales. Tu veux dire qu'elle a forgé ça ?

George est devenu têtu.

«J'aimerais voir l'original», dit-il.

"Alors vous ne pouvez pas", rétorqua Gerald avec colère.

George haussa les épaules, se tourna et quitta la pièce.

Et ils ont tous réconforté et dorloté Neaera, ont maltraité George et ont décidé de faire savoir au monde à quel point il se comportait mal.

« C'est notre devoir envers la société », a déclaré Lord Tottlebury.

CHAPITRE VII.
UNE AFFAIRE IMPOSSIBLE.

«JE DEVRAIS manger une humble tarte, George», dit M. Blodwell en tapotant ses lunettes contre ses dents de devant. "Elle est de trop pour toi."

"Pensez-vous que je me trompe?"

« Dans l'ensemble, j'ai tendance à penser que vous avez raison. Mais je mangerais quand même de la humble tarte si j'étais toi.

Le régime proposé n'est acceptable pour personne, et le pouvoir de le consommer sans contorsion est à juste titre placé en tête de la liste des vertus, si la vertu est proportionnée à la difficulté. Pour un homme du tempérament de George Neston, la pénitence était difficile, même lorsqu'elle était imposée par la conscience du péché ; plier les genoux dans l'humiliation, quand l'âme était debout en signe d'auto-approbation, était presque impossible.

Pourtant, il était incontestablement nécessaire qu'il assume le drap et la bougie, ou qu'il s'accommode d'une alternative à peine, voire pas du tout, moins désagréable. Le « Quatrième paragraphe » était apparu. On l'appelait un paragraphe par souci d'uniformité, mais il s'agissait en réalité d'un récit, s'étendant sur quelques colonnes, et donnant un compte rendu détaillé de la tentative d'identification. Pour une fois, George croyait implicitement à la déclaration du rédacteur en chef selon laquelle ses informations lui parvenaient sous une autorité irréprochable. L'histoire était clairement non seulement inspirée, mais en fait écrite par la main de Gerald lui-même, et elle lui insufflait une amère hostilité qui n'en affligeait pas moins George parce qu'elle était très naturelle. Cette hostilité se manifestait çà et là par des attaques directes ; plus constamment dans l'ironie et le ridicule ingénieux. L'apparence, les manières, le ton et la démarche de George étaient tous intégrés au service. En un mot, l'article le faisait certainement passer pour un idiot ; il pensait plutôt que cela le faisait passer pour un idiot malin.

"Que pouvez-vous faire?" » demanda à nouveau M. Blodwell. « Vous ne pouvez plus faire venir de gens de Peckton. Vous avez choisi vos témoins et ils vous ont laissé entrer.

Georges hocha la tête.

« Vous êtes allé à Bournemouth et vous avez trouvé… quoi ? Non pas que Mme Comment s'appelle-Horne-était un mythe, comme vous l'espériez, ou commodément-et, remarquez, ce n'est pas invraisemblable-morte, comme je m'y attendais, mais une réalité, existante, hautement respectable, quoique quelque peu affectueuse, vieille dame. Elle t'a eu du mal là-bas, George mon garçon !

"Oui", a admis George. « Je me demande si elle savait que la femme était en vie ?

« Elle a pris le risque ; Elle aurait peut-être souhaité qu'elle soit morte, mais elle a pris le risque. C'est là, George, que Mme Witt est géniale.

"Mme. Horne ne se souvient pas qu'elle ait été là en mars, ni même en avril.

"Peut-être pas; mais elle ne dit pas le contraire.

"Oh non. Elle a dit que si le personnage dit mars, bien sûr, c'était mars.

« Le « bien sûr » trahit un esprit profane. Mais le personnage dit quand même mars — pour ce que ça vaut.

"La copie le fait."

"Je vois ce que tu veux dire. Mais réfléchis avant de dire ça, George. C'est assez fort ; et vous n'avez pas la moindre preuve pour vous étayer.

«Je ne veux pas dire un mot. Je les laisserai tranquilles, s'ils me laissent tranquille. Mais cette femme est Nelly Game, aussi sûr que moi... »

« Un type incroyablement obstiné », intervint M. Blodwell.

Ce que George voulait probablement dire par « sans parler » était probablement la cessation des paragraphes dans la *cible* . Si tel est le cas, son souhait n'a pas été exaucé. « Est-ce que M. George Neston » — le nom de George n'était plus « caché » — « se rétracterait ? » a pris, dans les colonnes de cette publication, à peu près la position occupée par *Delenda est Carthago* dans les discours de Caton l'Ancien. Il rencontrait le lecteur sur la page du milieu ; cela le guettait dans l'article principal ; il est apparu, à titre de référence ludique, dans les renseignements de la ville ; un homme a déclaré l'avoir trouvé dans une publicité, mais il s'agissait sans aucun doute d'un oubli – ou peut-être d'un mensonge.

George n'était pas plus sensible que les autres hommes, mais l'agacement était extrême. Le monde entier semblait rempli de gens lisant la *cible* , certains avec une grave réprobation, d'autres avec des rires offensants.

Mais si la *cible* ne voulait pas le laisser tranquille, un grand nombre de personnes l'ont fait. Il n'était pas exactement coupé ; mais ses invitations diminuaient, les salutations qu'il recevait devenaient moins cordiales qu'autrefois : on ne le chassait pas des maisons où il allait, mais on ne le pressait pas beaucoup de revenir. On lui fit sentir que les gens sensés et raisonnables — terme que tout le monde utilise pour se décrire — étaient contre lui, et que, s'il voulait rentrer dans les bonnes grâces de la société, il devait le faire par la voie étroite et étroite. porte de pénitence et d'excuses.

«Je vais devoir le faire», se dit-il, alors qu'il était assis d'un air maussade dans ses appartements. « Ils sont tous contre moi – oncle Roger, Tommy Myles, Isabel – tous. Je serai abattu si jamais j'interfère à nouveau avec le mariage de quelqu'un.

La défection d'Isabel lui pesait le plus lourd à l'esprit. Qu'elle, entre autres, devrait se retourner contre lui et, comme dernière insulte, lui envoyer des messages de reproches par l'intermédiaire de Tommy Myles ! C'est ce qu'elle avait fait, et George était plein de colère.

« Un mot pour vous, monsieur », dit Timms en entrant de son air silencieux habituel. Timms n'avait aucune opinion sur la controverse, étant l'une de ces rares personnes qui s'occupent de leurs propres affaires ; et George était tombé si bas qu'il était presque reconnaissant de l'impartialité incolore avec laquelle il se comportait dans la querelle entre ses maîtres.

George a pris la note. "M. Gerald est venu ici, Timms ?

« Il a cherché des lettres, monsieur ; mais je suis parti aussitôt en apprenant que tu étais ici.

Timms déclara ce fait comme s'il s'agissait d'une relation amicale ordinaire et se retira.

"Et bien je le suis--!" s'exclama George, et il s'arrêta.

La note était adressée avec l'écriture qu'il connaissait désormais très bien, l'écriture du personnage de Bournemouth.

« Cher M. Neston ,

« Je serai seul aujourd'hui à cinq heures. Veux-tu venir me voir ?

« Cordialement,
« Neaera Witt ».

« Vous devez faire ce qu'une dame vous demande, » dit George, « même si elle vole des chaussures, et vous l'avez mentionné. Voici! Que fait-elle maintenant, je me demande ?

Neaera, vêtue avec l'insouciance élaborée d'une robe de thé, le reçut, non dans le salon, mais dans son propre nid. Le thé était sur la table ; il y avait un petit feu vif et un vieux chat somnolent dormait sur le tapis de la cheminée. L'air tout entier évoquait ce que les publicités appelaient une « maison raffinée », et les manières de Neaera indiquaient un désir presque pathétique d'être amicale, freiné seulement par la peur qui se respecte d'une rude rebuffade à ses avances.

« C'est vraiment gentil à vous de venir, dit-elle, consentir à une pourparler.

"Le camp battu consent toujours à un pourparler", répondit George en prenant le siège qu'elle indiquait. Elle était à moitié assise, à moitié allongée sur un canapé lorsqu'il entra, et reprit sa position après l'avoir salué.

« Non, non », dit-elle rapidement ; « C'est là que c'est dur : quand on est battu. Mais vous considérez-vous battu ?

"Jusqu'à présent, certainement."

"Et tu n'es vraiment pas convaincu ?" » demanda-t-elle en le regardant avec un regard franc, faisant appel à sa meilleure nature.

"C'est de votre faute, Mme Witt."

"Ma faute?"

"Oui. Pourquoi es-tu si difficile à oublier ? George pensait qu'il n'y avait aucun mal à formuler les choses d'une manière agréable.

"Ah, pourquoi Miss - maintenant est-ce Game or Games ? - était-elle si difficile à oublier ?"

«C'est, ou plutôt c'était, Game. Et je suppose qu'il était difficile de l'oublier pour la même raison que toi.

"Et qu'est ce que c'est que ça?"

"Si vous demandez à mon cousin, il vous le dira sans aucun doute."

Néaera sourit.

"Que puis-je faire de plus?" elle a demandé. « Votre peuple ne me connaissait pas. J'ai produit une lettre montrant que j'étais ailleurs.

"Excusez-moi--"

"Eh bien, alors, une copie d'une lettre."

"Ce qui prétend être une copie."

« Comme je suis content de ne pas être avocat ! Cela semble rendre les gens tellement méfiants.

"C'est vraiment dommage que vous n'ayez pas conservé l'original."

Neaera ne dit rien. Peut-être qu'elle n'était pas d'accord.

"Mais je suppose que vous ne m'avez pas envoyé chercher pour discuter de cette question ?"

"Non. Je vous ai envoyé chercher pour proposer la paix. M. Neston, je suis tellement fatigué de me battre. Pourquoi vas-tu me faire me battre ?

"Ce n'est pas pour mon plaisir", a déclaré George.

"Pour qui, alors?" demanda-t-elle en étendant les bras dans un geste de supplication. « Ne pouvons-nous pas en dire plus ? »

"Avec tout mon coeur."

« Et tu admettras que tu avais tort ?

"Cela en dit plus."

"Vous ne pouvez pas profiter de la position dans laquelle vous vous trouvez."

"Je l'avoue."

"M. Neston, tu ne penses jamais qu'il est possible que tu te trompes ? Mais non, tant pis. Accepterez-vous simplement de laisser tomber ?

"Chaleureusement. Mais il y a la *cible* .

« Oh, embêtez *-vous avec la cible* ! Je vais aller voir l'éditeur, dit Neaera.

"C'est un homme sévère, Mme Witt."

« Il ne sera pas aussi difficile à gérer que toi. Voilà, c'est réglé. Hourra! Voulez-vous serrer la main, M. Neston ?

"Par tous les moyens."

"Avec un voleur?"

« Avec toi, voleur ou pas voleur. Et je dois vous dire que vous êtes très… »

"Quoi?"

"Eh bien, au-dessus des petits ressentiments."

« Oh, qu'importe ? Et si j'avais pris les bottes ?

"Chaussures", dit George.

Neaera éclata de rire. "Vous êtes très précis."

"Et vous êtes très inexact, Mme Witt."

«Je serai toujours amusé quand je vous rencontrerai. Je saurai que vous avez la main sur votre montre.

"Oh oui. Je ne rétracte rien.

"Alors c'est la paix ?"

"Oui."

Neaera se redressa et lui tendit la main, et la paix fut ratifiée. Mais il se trouva que le mouvement brusque de Nééra réveilla le chat. Il bâilla et se releva en cambrant le dos et en enfonçant ses griffes dans le tapis de l'âtre.

"Bob", dit Neaera, "ne gâche pas le tapis."

L'attention de George était dirigée vers l'animal et, alors qu'il le regardait, il sursauta. Le changement de posture de Bob avait révélé un grave défaut : il n'avait pas de queue, ou même la moindre excuse pour une queue.

C'était certainement une étrange coïncidence, peut-être rien de plus, mais une très étrange coïncidence, que George ait vu dans la cour de la prison de Peckton pas moins de trois chats sans queue ! Bien sûr, il y en a un bon nombre dans le monde ; mais la plupart des chats ont quand même une queue.

"J'aime un chat noir, n'est-ce pas?" dit Nééra. "Il est gentil et satanique."

Les chats de Peckton étaient noirs eux aussi, noirs comme l'encre ou le cœur d'un prêteur sur gages.

"Un vieux favori?" » demanda George insidieusement.

«Je l'ai depuis de nombreuses années. Oh!"

Le dernier mot échappa involontairement à Nééra.

"Pourquoi 'oh!'"?

« J'avais oublié son lait », répondit Neaera avec une rapidité extraordinaire.

"Où l'avez-vous obtenu?"

Neaera était redevenue tout à fait calme. « Des amis me l'ont donné. S'il vous plaît, ne dites pas que j'ai volé mon chat aussi, M. Neston.

George sourit ; en fait, il a failli rire. "Eh bien, c'est la paix, Mme Witt", dit-il en prenant son chapeau. "Mais rappelles-toi!"

"Quoi?" dit Neaera, toujours souriante et cordiale, mais un peu moins à l'aise qu'auparavant.

"Un chat peut raconter une histoire, même s'il n'en porte aucune."

"Que veux-tu dire?"

« Si jamais c'est à nouveau la guerre, je vous le dirai. Au revoir, Mme Witt.

"Au revoir. S'il vous plaît, ne faites pas arrêter le pauvre Bob. Il n'a pas volé les bottes – oh, les chaussures, en tout cas.

"Je suppose qu'il était déjà en prison."

Neaera secoua la tête d'un air perplexe. « Je ne te comprends vraiment pas. Mais je suis heureux que nous ne soyons plus ennemis.

Georges partit, mais Neaera s'assit sur le tapis et regarda le feu. Bientôt, Bob vint s'occuper du lait oublié. Il se frotta le long du coude de Neaera, en commençant par son nez jusqu'au bout de ce qu'il appelait sa queue.

« Ah, Bob, » dit Neaera, « que veux-tu ? Du lait, chérie ? « Bon pour le mal, du lait pour… »

Bob ronronnait et cabriolait. Nééra lui donna son lait et le regarda.

« Comment aimerais-tu te noyer, ma chérie ? » elle a demandé.

Bob, inconscient, s'est lancé.

Neaera frappa du pied. « Il ne le fera pas ! Il ne le fera pas ! Il ne le fera pas ! s'exclama-t-elle. « Pas un pouce ! Pas un pouce ! »

Bob finit son lait et leva les yeux.

« Non, chérie, tu ne vas pas te noyer. N'ayez pas peur.

Comme Bob ne savait rien de la noyade et voulait seulement dire qu'il voulait plus de lait, il n'a montré aucune gratitude pour son sursis. En effet, voyant qu'il n'y aurait plus de lait, il lui tourna ostensiblement le dos et commença à se laver le visage.

———————————

CHAPITRE VIII.
LES FRACAS CHEZ MME. POCKLINGTON.

«JE N'AI JAMAIS rien entendu d'aussi absurde de toute ma vie», a déclaré M. Blodwell avec emphase.

Georges venait de l'informer du traité entre lui et Nééra. Il avait raconté son histoire avec une certaine gêne. Il est tellement difficile de faire comprendre à des personnes qui n'étaient pas présentes comment un entretien en est arrivé à prendre le cours qu'il a suivi.

"Elle semblait penser que tout allait bien", dit faiblement George.

"Pensez-vous que vous puissiez faire taire les gens de cette façon ?"

"Il existe d'autres moyens", remarqua George d'un ton sombre, car son humeur commençait à se dissiper.

« Il y en a, » acquiesça M. Blodwell ; et de nos jours, si vous les utilisez, cela représente cinq livres ou un mois, et une énorme augmentation de ragots par-dessus le marché. Que dit Gérald ?

« Gérald ? Oh, je ne sais pas. Je suppose que Mme Witt peut le gérer.

"Est-ce que tu? J'en doute. Gerald n'est pas trop facile à gérer. Pensez à la position dans laquelle vous le laissez !

"Il croit en elle."

« Oui, mais il ne sera content que si d'autres personnes le font. Bien sûr, ils diront qu'elle t'a mis au carré.

"M'a mis au carré!" s'écria Georges avec indignation.

"Sur mon âme, je ne suis pas sûr qu'elle ne l'ait pas fait."

« Bien sûr, vous pouvez dire ce que vous voulez, monsieur. De ta part, je ne peux pas m'en vouloir.

« Viens, ne sois pas vexé. Les yeux brillants ont leur effet sur tout le monde. Au fait, avez-vous vu Isabel Bourne récemment ?

"Non."

"Des nouvelles d'elle ?"

"Elle m'a envoyé un message via Tommy Myles."

"Est-il dans sa confiance?"

"Apparemment. L'effet de cela était qu'elle ne voulait pas me voir avant que je sois revenu à la raison.

« Dans ces mots ? »

"Ce sont les mots de Tommy."

« Alors les relations sont tendues ?

"Mlle Bourne est le meilleur juge qu'elle souhaite voir."

« Tout à fait », dit joyeusement M. Blodwell. « À l'heure actuelle, elle semble souhaiter voir Myles. Eh bien, George, il va falloir que tu te mettes enfin à genoux.

"Mme. Witt n'en a pas besoin.

"Gérald le fera."

"Gerald soit... Mais je ne vous ai jamais parlé de mon nouveau témoignage."

« Oh, tu es fou ! Qu'est-ce qu'il y a dans le vent maintenant ?

Cinq minutes plus tard, George se précipita hors des appartements de M. Blodwell, laissant ce monsieur violet et palpitant de rire, alors qu'il répétait doucement :

"Le chat! Va voir le jury sur le chat, George, mon garçon ! »

Pour George, dans ses heures d'adversité, Mme Pocklington était comme une tour de force. Elle dit que les Neston pouvaient se chamailler entre eux autant qu'ils voulaient ; cela ne la regardait pas. Quant à l'affaire qui serait publiée dans les journaux, sa liste de visiteurs en souffrirait considérablement si elle supprimait tous ceux qui ont été maltraités à tort ou, a-t-elle ajouté de manière significative, à juste titre, dans les journaux. George Neston se trompait peut-être, mais c'était un honnête jeune homme, et, pour sa part, elle le trouvait agréable, — en tout cas, beaucoup trop beau pour cette fade enfant d'Isabel Bourne. Si quelqu'un n'aimait pas le rencontrer chez elle, il pouvait rester à l'écart. La pauvre Laura Pocklington a protesté en disant qu'elle détestait et méprisait George, mais qu'elle ne pouvait pourtant pas rester à l'écart.

"Alors, ma chère", dit Mme Pocklington d'un ton acerbe, "vous pouvez rester dans la crèche."

"C'est dommage!" s'exclama Laura. "Un homme qui dit de telles choses n'est pas digne..."

Mme Pocklington secoua doucement la tête. Les principes radicaux de M. Pocklington ne s'étendaient pas plus à sa maison qu'à ses affaires.

"Laura chérie," dit-elle d'un ton peiné, "je n'aime tellement pas les disputes."

Alors George alla dîner chez Mme Pocklington, et cette dame, impitoyable dans la discipline parentale, envoya Laura dîner avec lui ; et, comme chacun le sait, il n'y a rien de plus agréable et d'intéressant qu'une jolie fille dans un animal de compagnie digne. George s'est bien amusé. Cela faisait longtemps qu'il n'avait pas flirté ; mais en réalité maintenant, vu la conduite d'Isabel, il se sentait parfaitement libre de se conduire comme bon lui semblait. Laura était une vieille amie et George était déterminé à voir à quel point sa colère était implacable.

« C'est si gentil de votre part de me faire ce plaisir », commença-t-il.

"Plaisir?" dit Laura de son ton le plus élevé.

"Oui; te faire tomber, tu sais.

"Maman m'a fait."

"Ah, maintenant tu essaies de me faire tomber."

"Je me demande si vous pouvez regarder n'importe qui en face..."

"J'aime toujours te regarder en face."

"Après tout ce que tu as dit sur la pauvre Neaera !"

« Nééra ?

« Pourquoi ne devrais-je pas l'appeler Neaera ? »

« Oh, aucune raison du tout. C'est peut-être même son nom.

"Une femme qui médis est mauvaise, mais un homme..."

"Est-ce que c'est diable ?" dit George d'un ton interrogateur.

Laura a essayé une autre tactique. "Tous tes amis pensent que tu as tort, même maman."

"Qu'importe, tant que tu penses que j'ai raison?"

"Je ne sais pas; Je ne sais pas. Je pense--"

" Que c'est très amusant de tourmenter un pauvre homme qui... "

Georges fit une pause.

"Qui quoi?" dit Laura avec une faiblesse déplorable.

« Apprécie beaucoup votre bonne opinion. »

"Absurdité!"

George se permit de soupirer profondément. Un léger tic se trahit aux coins de la jolie bouche de Laura.

"Si tu veux sourire, je détournerai le regard", a déclaré George.

« Vous êtes très stupide », dit Laura ; et George savait que cette expression sur les lèvres d'une dame n'est pas toujours une expression de désapprobation.

« En effet, dit-il, je dois consacrer mon temps à une vaine poursuite.

« De Nééra ?

"Non, pas de Nééra."

« Je n'aurais jamais dû parler de Miss Bourne, » dit Laura modestement, « si vous ne l'aviez pas fait, mais comme vous l'avez fait… »

"Je ne l'ai pas fait."

Vraisemblablement, George a expliqué à qui il faisait référence, et apparemment l'explication a pris le reste de l'heure du dîner. Et tandis que les dames montaient à l'étage, Mme Pocklington tapota l'épaule de Laura avec un éventail approbateur.

« Voilà un bon enfant ! Cela montre que l'élevage est agréable aux gens que vous n'aimez pas.

Laura rougit un peu, mais répondit consciencieusement : "Je suis heureuse que tu sois contente, maman." Très probablement, elle n'a pas imposé à Mme Pocklington. Elle ne l'a certainement pas fait sur elle-même.

George se retrouva à côté de Sidmouth Vane.

« Bonjour, Neston ! » dit ce jeune gentleman avec sa liberté habituelle. « Vous l'avez déjà enfermée ?

George a dit que Mme Witt était toujours en liberté. Vane avait été son pédé, et George estimait qu'il avait le droit de s'en débarrasser après sa vie chaque fois qu'il le pouvait.

«J'aimerais que vous le fassiez», a poursuivi M. Vane. « Ce connard de cousin à vous la laisserait tomber, et j'attendrais devant Holloway ou Clerkenwell, ou partout où ils les mettent, et je la recevrais avec sympathie – petit déjeuner chaud, fanfare, premier cigare pendant six mois, et tout ça, don. tu ne sais pas, comme un de ces Irlandais.

"Vous n'avez pas de petits préjugés."

"Pas beaucoup. Une fille comme celle-là, *avec* un tel revenu, pourrait voler tout Northampton pour ce qui m'importe. Tu montes à l'étage ?

"Oui; il y a un "At Home", n'est-ce pas ?

« Oui, c'est ce qu'on me dit. Je ne devrais pas y aller, si j'étais toi.

"Pourquoi diable pas ?"

"Gérald sera là, je me l'avais dit."

« Vraiment, Vane, tu es très gentil. Nous ne nous battrons pas.

«Je n'en sais rien. Il est tout simplement fou.

"Rien de nouveau?"

"Oui; il m'a dit que vous aviez essayé de mettre Mme Witt au carré dans son dos, et qu'il avait l'intention de s'en sortir avec vous.

«Eh bien», dit George, «je ne m'enfuirai pas. Venez.

Les invités affluaient déjà, et parmi les premiers rencontrés par George se trouvait M. Dennis Espion, toujours aussi surmené. Espion savait que George était conscient de sa position sur la *cible* .

"Ah, comment vas-tu, Neston?" dit-il en tendant la main.

George l'a regardé un moment, puis l'a pris.

"Je soutiens la vie et vos aimables attentions, Espion."

« Ah ! eh bien, vous savez, nous n'y pouvons rien – c'est une question d'intérêt public. J'espère que vous voyez notre position... »

"Oui", dit George avec urbanité; « *Il faut vivre.* »

"Je ne suppose pas que vous appréciez notre opinion, mais———"

"Oh oui; Je l'évalue à un centime, tous les soirs.

"J'allais dire--"

« Gardez-le, mon cher. Ce que vous dites a une valeur marchande – dans la mesure où je l'ai mentionné.

« Mon cher Neston, puis-je... »

« Considérez cela comme une interview ? Mon cher Espion, certainement. Faites usage de cette communication à votre guise. Bonne nuit."

George s'éloigna. « Supposons que j'aie été plutôt grossier », se dit-il. "Mais, accrochez-vous, j'ai dû gagner cinquante livres à ce type!"

Il s'est avéré que George devait gagner encore un peu plus à M. Espion. Il n'avait pas fait beaucoup de pas avant de voir son cousin Gerald saluer Mme

Pocklington. M. Espion l'a vu aussi et était en alerte. Gerald était suivi de près par Tommy Myles.

"Ah, l'ennemi !" s'exclama George dans un souffle, poursuivant son chemin vers Laura Pocklington.

La foule était épaisse et sa progression lente. Il eut le temps d'observer Gerald, qui discutait maintenant avec Tommy et Sidmouth Vane, qui les avait rejoints. Gérald parlait à voix basse, mais ses gestes trahissaient une forte excitation. Soudain, il commença à marcher rapidement vers George, les gens semblant s'écarter de son chemin. Tommy Myles le suivit, tandis que Vane courait presque vers George et lui murmurait avec empressement :

« Pour l'amour de Dieu, dégagez, mon cher ! Il est fou! Il y aura un shindy, aussi sûr que tu es né !

George n'aimait pas les shindies, surtout dans les salons ; mais il aimait moins s'enfuir. "Oh, attendons de voir", a-t-il répondu.

Gerald avait l'air dangereux. La rougeur saine de ses joues s'était assombrie jusqu'à devenir une rougeur profonde, ses yeux semblaient vicieux et sa bouche était figée. Alors qu'il s'approchait rapidement de son cousin, tout le monde essayait de détourner le regard ; mais du coin de deux cents yeux, des regards avides se tournèrent vers les deux hommes.

« Puis-je vous dire un mot ? » commença Gerald, assez calmement.

« Autant que vous voudrez ; mais je ne sais pas si cet endroit… »

"Cela fera l'affaire pour ce que j'ai à dire", interrompit Gerald.

"D'accord. Qu'est-ce que c'est?"

«Je veux deux choses de toi. Premièrement, vous me promettrez de ne jamais oser m'adresser à ma… Mme. Encore Witt.

"Et le deuxième?" demanda Georges.

"Vous écrirez et direz que vous avez menti et que vous en serez désolé."

«Je m'adresse à qui je veux et j'écris ce que je veux.»

Vane intervint.

« Vraiment, Neston – vous, Gerald, je veux dire – ne faites pas de polémique ici. Tu ne peux pas l'éloigner, Tommy ?

Gerald lança à Tommy un regard d'avertissement, et le pauvre Tommy secoua tristement la tête.

George ressentit la nécessité d'éviter une scène. Il commença à s'éloigner tranquillement. Gerald se tenait devant son chemin.

« Vous ne partez pas avant d'avoir répondu. Feras-tu ce que je te dis ?

"Vraiment, Gerald," commença George, toujours accroché à la paix.

"Oui ou non?"

"Non", dit George avec un sourire et un haussement d'épaules.

"Alors, espèce de garçon, prends..."

Dans un instant, il aurait frappé George en plein visage, mais le vigilant Vane lui attrapa le bras alors qu'il le levait.

« Espèce de foutu imbécile ! Es-tu ivre?" » siffla-t-il à son oreille. "Tout le monde regarde."

C'était vrai. Tout le monde l'était.

« Tant mieux », lâche Gerald. "Je vais le battre———"

Tommy Myles s'est levé et a passé sa main dans l'autre bras de l'homme en colère.

"Tu ne peux pas y aller, George?" demanda Vane.

«Non», dit calmement George; "pas avant qu'il ne se taise."

Le silence qui régnait dans la pièce attira l'attention de Mme Pocklington. En un instant, semble-t-il, même si ses mouvements étaient généralement lents et majestueux, elle fut à côté d'eux, juste à temps pour voir Gerald faire un violent effort pour se débarrasser de la main qui la retenait.

«Je ne peux faire entrer personne dans la salle de musique», dit-elle; « et la signora attend de commencer. Monsieur Neston, donnez-moi votre bras et nous vous montrerons le chemin. Puis ses yeux semblèrent se poser pour la première fois sur George. « Oh, vous êtes ici aussi, M. George ? Laura te cherche partout. Trouvez-la. Venez, M. Neston. M. Vane, allez donner votre bras à une dame.

Le groupe s'est dispersé, obéissant à ses ordres, et tout le monde a poussé un petit soupir, moitié de soulagement, moitié de déception, et s'est dit que Mme Pocklington était une femme formidable.

"Dans une seconde de plus", a déclaré Tommy Myles en se rétablissant avec une coupe de champagne, "cela aurait été une affaire de Bow Street!"

«Je pense que cela équivaut à un *fracas* », se dit M. Espion; et comme une *bagarre* , en conséquence, cela figurait.

CHAPITRE IX.
GERALD NESTON SE SATISFAIT.

LE lendemain matin, Lord Tottlebury siégea en tant qu'arbitre, examina impartialement les deux côtés de la question et accorda que George devait s'excuser pour ses accusations et Gerald pour sa violence. Lord Tottlebury a plaidé l'affaire avec compétence, et son jugement final a été compétent et concluant. Malheureusement, trompé par l'habitude mentionnée plus haut d'écrire aux journaux sur des sujets autres que ceux qui le concernaient immédiatement, Lord Tottlebury oublia qu'aucune des parties ne lui avait demandé de statuer, et, bien que Maud Neston fût tout à fait convaincue par son raisonnement, son la sentence est restée une opinion *en suspens* ; et les deux lettres claires et complètes qu'il a écrites pour exprimer son point de vue ont été jetées par leurs destinataires respectifs à la corbeille à papier. Chacun des jeunes hommes remercia Lord Tottlebury pour ses aimables efforts, mais craignit que le tempérament déraisonnable affiché par l'autre ne rende vaine toute tentative d'arrangement. Lord Tottlebury soupira et revint tristement à son article sur « Ce que le Kaiser devrait faire ensuite ». Il était pressé de le terminer, car il avait également sous la main une réponse à l'article du professeur Dressingham sur « Le récit de l'Évangile et l'évolution des *crustacés* dans les mers du Sud ».

Après son éclat, Gerald Neston s'était laissé reconduire tranquillement chez lui, et le lendemain matin, il avait repris ses esprits au point de promettre à Sidmouth Vane qu'il n'aurait plus recours à la violence personnelle. Il a dit qu'il avait agi sur une impulsion momentanée - ce que Vane ne croyait pas - et, en tout cas, il n'y avait plus rien de pareil à appréhender ; mais quant à s'excuser, il devrait plutôt songer à cirer les bottes de George. En fait, il était dans l'ensemble très content de lui et, dans le courant de la journée, il partit pour Nééra pour recevoir ses remerciements et son approbation.

Il la trouva de très mauvaise humeur. Elle avait été déçue de l'échec de son arrangement avec George, et à moitié encline à se rebeller contre le *veto péremptoire de Gerald* à toute tentative d'étouffer la question. Elle avait timidement essayé de faire caca sur toute cette affaire, et Gerald lui avait clairement montré que, à son avis, cela n'admettait pas un tel traitement. Elle n'avait pas osé lui demander sérieusement s'il voulait l'épouser, à supposer que l'accusation soit vraie. Une plaisanterie de ce genre avait été écartée comme étant presque de mauvais goût et, en tout cas, inopportune. Elle était donc inquiète et prête à être très malheureuse à la moindre provocation. Mais aujourd'hui, Gérald est arrivé d'une humeur différente. Il était triomphant, agressif et intrépide ; et avant d'être dans la pièce dix minutes, il aborda son nouveau dessein, un dessein qui devait montrer de manière concluante l'estime dans laquelle il tenait les viles calomnies et leur auteur.

« Mariez-vous directement ! Oh, Gérald !

« Pourquoi pas, chérie ? Ce sera la meilleure réponse pour eux.

« Que dirait ton père ?

«Je sais qu'il approuvera. Pourquoi pas ?

"Mais... mais tout le monde parle de moi."

"De quoi me soucier?"

Cela convient à certains hommes d'être amoureux, et Gérald avait l'air très bien en lançant son défi *urbi et orbi* . Néaera était charmée et touchée.

"Gerald, mon cher, tu es trop bon, tu l'es en effet, trop bon pour moi et trop bon pour moi."

Gerald a déclaré, dans un langage trop éloquent pour être reproduit, que personne ne pouvait s'empêcher d'être « bon » avec elle, et que personne au monde n'était assez bien pour elle.

« Et vous contentez-vous de me faire entièrement confiance ? »

"Absolument."

"Pendant que je suis sous cette ombre?"

« Vous n'êtes sous aucune ombre. Je crois implicitement sur parole, comme je le prendrais contre les dieux et les hommes.

"Ah, je ne le mérite pas."

« Qui pourrait vous regarder dans les yeux » – Gérald le faisait – « et penser à la tromperie ? Pourquoi détournes-tu le regard, chérie ?

"Je n'ose pas... je n'ose pas !"

"Quoi?"

« Soyez… soyez… digne de confiance comme ça ! »

Gérald sourit. "Très bien; alors tu ne le seras pas. Je te traiterai comme si… comme si je *doutais de* toi. Alors serez-vous satisfait ?

Neaera essaya de sourire à cette plaisanterie. Elle était agenouillée près de la chaise de Gerald comme elle le faisait souvent, le regardant.

« Vous avez douté de moi ? dit-elle.

« Oui, puisque vous ne laissez pas vos yeux parler pour vous, je vais vous poser la question. Est-ce que cela suffira ?

Pauvre Nééra ! elle pensait que ce serait largement suffisant.

"Et je vais te demander, ce que je n'ai jamais daigné demander, ma très chère, s'il y a un mot de vérité dans tout cela ?" Gerald, toujours enjoué, prit une de ses mains et la leva vers le haut. "Maintenant, regarde-moi et dis : quel sera ton serment ?"

Nééra resta silencieuse. Cela passait par des mots ; chaque fois qu'elle parlait, elle aggravait la situation.

"Je sais", poursuivit Gérald, très content de sa petite comédie. "Dites ceci : 'Sur mon honneur et mon amour, je ne suis pas la fille.'"

Pourquoi ne l'avait-elle pas laissé tranquille avec ses absurdités sur ses yeux ? Aux yeux de Neaera, ce n'était pas aussi grave qu'un mensonge direct. "Sur son honneur et son amour!" Elle ne put s'empêcher d'hésiter un instant.

"Je ne suis pas la fille, sur mon honneur et mon amour." Ses paroles étaient presque accompagnées d'un sanglot, un sanglot étouffé, qui rendait Gérald plein de remords et de pénitence, et bruyant en imprécations sur sa propre stupidité.

« Ce n'était qu'une plaisanterie, ma chérie », plaida-t-il ; mais c'était une plaisanterie stupide, et cela vous a affligé. As-tu rêvé que je doutais de toi ?

"Non."

"Eh bien, dis que tu savais que c'était une blague."

« Oui, ma chère, je le sais, bien sûr que c'était le cas ; mais ça–ça m'a plutôt fait peur.

"Pauvre enfant! Pas grave; vous serez amusé quand vous y penserez maintenant. Et, ma chérie, ça me rend vraiment plus heureuse. Je n'ai jamais douté, mais il est agréable d'entendre la vérité de vos propres lèvres douces. Maintenant, je suis prêt pour tout le monde. Et la journée ? »

"Le jour?"

« Bien sûr, vous ne savez pas quel jour ! Est-ce que ce sera directement ?

« Que signifie « directement » ? » » demanda Neaera avec un sourire plutôt larmoyant.

"Dans une semaine."

"Gérald!"

Mais, après les négociations habituelles, Neaera fut amenée à consentir à ce jour trois semaines, à condition d'obtenir l'approbation de Lord Tottlebury.

"Et, s'il te plaît, ne te dispute plus avec ton cousin !"

"Je peux me permettre de le laisser tranquille maintenant."

"Et... Tu y vas, Gérald ?"

"Pas de temps a perdre. Je vais voir le gouverneur, et je reviendrai vous chercher pour dîner à Portman Square. Au revoir pour une heure, chérie ! »

"Gérald, supposez..."

"Bien!"

« Si… si… Non, rien. Au revoir chérie; et--"

"Qu'est-ce qu'il y a, ma chérie ?"

"Rien... eh bien, et ne tarde pas."

Gérald est parti ravi. Dès qu'il fut hors de la pièce, le chat sans queue sortit de sous le canapé. Il détestait les mouvements violents de toutes sortes, et les amants sont des êtres agités. Maintenant, Dieu merci ! il y avait une chance de s'allonger sur le tapis de l'âtre sans être piétiné !

"As-tu entendu ça, Bob?" demanda Nééra. "Je... j'ai fait tout ce qu'il fallait, n'est-ce pas ?"

Lord Tottlebury, qui était beaucoup moins inflexible qu'il ne le paraissait, ne résista pas longtemps à la véhémence de Gerald, et la nouvelle se répandit bientôt que le défi allait être lancé au visage de George. La *cible* a triomphé. Isabel Bourne et Maud Neston ont fait de Gérald un héros et de Néaera une héroïne. Tommy Myles s'est empressé d'obtenir le poste de « témoin » et Sidmouth Vane a découvert et reconnu une profonde sagesse mondaine dans la conduite de Gerald.

« Bien sûr, dit-il à M. Blodwell sur la terrasse, si cela était révélé avant le mariage, il s'engagerait à la renverser, avec l'argent. Mais après ! Eh bien, cela n'affectera en aucun cas le règlement.

M. Blodwell a déclaré qu'il pensait que Gerald n'avait pas été motivé par ce motif.

« Comptez-y, il l'a fait », a persisté Vane. « Avant le mariage, diable ! Après le mariage, un peu de pleurs et trois mois sur la Riviera !

"Oh, je suppose que si cela sortait après le mariage, George tiendrait sa langue."

« Vraiment, par Jupiter ? Il serait alors l'homme le plus indulgent d'Europe. Eh bien, il a été pourchassé à cause de cette affaire, tout simplement pourchassé ! »

"C'est vrai. Non, je suppose qu'il allait forcément se venger.

"Vengeance! Il faudrait qu'il se justifie.

M. Blodwell a eu la curiosité d'approfondir le sujet avec George lui-même.

« Après le mariage ? Oh, je ne sais pas. J'aimerais en éliminer beaucoup.

"Naturellement", a déclaré M. Blodwell.

« En tout cas, si je découvre quelque chose avant, je le leur dirai. Ils ne m'ont pas épargné.

"Rien de nouveau?"

"Oui. Ils ont demandé au comité du Thémis de m'écrire et de me dire que c'est gênant d'avoir Gérald et moi dans le même club.

"C'est fort."

«Je dois remercier Maître Tommy pour cela. Bien sûr, cela signifie que je dois y aller ; mais je ne le ferai pas. S'ils veulent me mettre dehors, ils le peuvent.

"Pourquoi Tommy Myles est-il si chaud contre toi?"

"Oh, ces filles l'ont attrapé : Maud et Isabel Bourne."

"Isabel Bourne?"

"Oui", dit George, rencontrant le regard interrogateur de M. Blodwell. "Tommy a envie de tenter sa chance là-bas, je pense."

« *Vice,* tu as pris ta retraite.»

«Eh bien, à la retraite ou s'est avéré. C'est comme l'armée, vous savez ; les deux aboutissent à peu près à la même chose.

«Vous devez vous consoler, mon garçon», dit sournoisement M. Blodwell. Il avait entendu parler de presque tout, et il avait entendu parler du dernier dîner de Mme Pocklington.

« Oh, je suis un paria maintenant. Personne ne me regarderait.

« Ne sois pas un imbécile, George. Allez voir Mme Pocklington et, pour l'amour du ciel, laissez-moi me mettre au travail.

C'était l'habitude de M. Blodwell d'inciter les gens à bavarder longuement, puis de les insulter parce qu'ils lui faisaient perdre son temps ; George ne fut donc pas inquiété par ce reproche. Mais il suivit le conseil et appela Grosvenor Square. Il trouva Mme Pocklington à l'intérieur, mais elle n'était pas seule. Son visiteur était un personnage très célèbre, jusqu'alors connu de George seulement de réputation, le marquis de Mapledurham.

Le marquis était bien connu sur le territoire et aussi comme mécène de l'art, mais il faut ajouter qu'on en savait plus sur lui qu'on n'en savait à son avantage. En fait, il a donné à beaucoup de gens l'occasion de dire qu'ils ne le compteraient pas parmi leurs connaissances ; et il a donné à très peu d'entre eux l'occasion de manquer à leur parole. Lui et Mme Pocklington s'amusaient mutuellement et, quoi qu'il fît, il ne disait jamais rien qui pût se plaindre.

Pendant quelque temps, George parla à Laura. Laura, une fois venue à ses côtés, était pleine d'un zèle de converti et versait abondamment de l'huile et du vin dans ses plaies.

"Comment aurais-je pu regarder Isabel Bourne quand elle était là?" il commença à réfléchir.

"M. Neston, dit Mme Pocklington, Lord Mapledurham veut savoir si vous êtes *M.* Neston.

"Mme. Pocklington m'a trahi, M. Neston, dit le marquis.

"Je suis l'un des deux M. Neston, je suppose", a déclaré George en souriant.

"M. Georges Neston ? demanda le marquis.

"Oui."

"Et vous l'avez laissé venir ici, Mme Pocklington ?"

« Ah, tu sais que ma maison est un caravansérail. Je vous ai entendu le remarquer vous-même l'autre jour.

«J'irai», dit le marquis en se levant. « Et, Mme Pocklington, je serai content si vous ne dites rien de pire à propos de ma maison. Au revoir, Mlle Laura. M. Neston, j'aurai une petite fête entre célibataires demain. Ce sera très gentil si vous nous rejoignez. Dîner à huit heures.

« Voyez ce que c'est que d'être un homme maltraité », dit Mme Pocklington en riant.

"En ces jours, les méchants doivent se tenir côte à côte", a déclaré le marquis.

Georges accepta ; en vérité, il était plutôt flatté. Et Mme Pocklington est partie pendant un bon quart d'heure. De sorte que, dans l'ensemble, il est revenu à l'opinion que la vie vaut la peine d'être vécue, avant de quitter la maison.

CHAPITRE X.
RÉMINISCENCES D'UN NOBLEHOMME.

IL ÉTAIT UNE fois, bien des années avant que cette histoire ne commence, une certaine dame déclara, et jura même sous serment, que Lord Mapledurham avait promis de l'épouser, et réclama dix mille livres de dommages-intérêts pour la violation de cette promesse. Lord Mapledurham a déclaré que sa mémoire était traîtresse sur de telles choses, et il n'a jamais contredit une dame sur une question de fait : mais la valeur de sa société semblait assez sujette à des divergences d'opinion, et il a demandé à un jury composé de ses compatriotes de l'évaluer. . Cette *cause célèbre* , telle qu'elle l'était en son temps, n'améliora pas la réputation de Lord Mapledurham, mais, d'un autre côté, elle fit celle de M. Blodwell. Ce monsieur a réduit les dommages à mille, et Lord Mapledurham a déclaré que son contre-interrogatoire du plaignant en valait largement la peine. Depuis lors, les deux hommes étaient amis et M. Blodwell était très fier de son intimité avec une personne aussi exclusive que le marquis. George apprécia sa surprise à l'annonce qu'ils se retrouveraient ce soir-là au dîner.

"Pourquoi diable te demande-t-il?"

"Sur mon honneur, je ne sais pas."

"Cela détruira le reste de votre réputation."

"Oh, pas si vous êtes là, monsieur."

Lorsque George arriva chez Lord Mapledurham, il ne trouva personne à part son hôte et M. Blodwell.

«Je dois m'excuser de n'avoir personne pour vous rencontrer, M. Neston, à l'exception d'un vieil ami. J'ai demandé au jeune Vane – dont l'insolence m'amuse – et à Fitzderham, mais ils n'ont pas pu venir.

« Trois, c'est un bon chiffre », a déclaré M. Blodwell.

« S'ils sont trois hommes. Mais deux hommes et une femme, ou deux femmes et un homme, c'est affreux !

"Eh bien; nous sommes des hommes, même si George est un jeune."

"Je ne me sens pas très jeune", dit George en souriant alors qu'ils s'asseyaient.

« J'ai cinquante-cinq ans, dit le marquis, et je me sens chaque jour plus jeune, pas de corps, vous savez, car je suis plein de maux ; mais en tête. Je me libère de toutes les responsabilités de ce monde.

« Et du prochain ? » » demanda Blodwell.

« Dans le prochain, tout est arrangé pour nous, agréablement ou non. Quant à celui-là, personne n'attend plus de moi : pas de travail, pas de bonnes actions, pas de carrière, rien. C'est une liberté délicieuse.

"Tu n'as jamais beaucoup ressenti tes liens."

"Non; mais ils étaient là, et de temps en temps ils me traînaient les pieds.

« Votre vision de la vieillesse est réconfortante », a déclaré George.

"Seulement, George, si tu veux t'en rendre compte, tu ne dois pas te marier", dit M. Blodwell.

"Non, non", dit le marquis. "Au fait, Blodwell, pourquoi ne t'es-tu jamais marié ?"

"Trop pauvre, jusqu'à trop tard", dit brièvement M. Blodwell.

Le marquis leva son verre et parut porter un toast respectueux à un roman mort.

« Et vous, Lord Mapledurham ? George osa demander.

"Oui, demande-lui!" dit M. Blodwell. "Peut-être que sa raison sera moins tristement banale."

«Je ne sais pas», dit le marquis en réfléchissant. « Certains d'entre eux s'y attendaient, et ça m'a dégoûté. Et certains ne l'ont pas fait, et cela m'a aussi dégoûté.

« Vous mettez l'autre sexe dans une position assez difficile », remarqua George en riant.

« Rien à voir avec ce dans quoi ils m'ont mis. Hein, Blodwell ?

« Maintenant, dites-moi, Mapledurham », dit M. Blodwell, qui était d'humeur sérieuse ce soir. « Dans l'ensemble, avez-vous apprécié votre vie ?

« J'ai gaspillé des opportunités, des talents, de la substance, tout : et j'en ai profité confusément. Je ne suis même pas utile comme avertissement.

«Demandez à un pasteur», dit sèchement M. Blodwell.

« Je me souviens, poursuivit rêveusement le marquis, qu'un vieux voyou, un autre vieux voyou, avait dit exactement le même genre de chose, une nuit. J'étais à Liverpool pour la Coupe. Eh bien, le soir, j'en ai eu assez des autres gars et je suis sorti faire un tour ; et dans une petite rue, j'ai trouvé un vieux type assis sur le seuil d'une porte, un vieux type sale, mais d'une rare beauté, avec une longue barbe grise. Quand je suis passé, il essayait juste de se relever, mais il a chancelé et est retombé.

"Ivre?" » demanda M. Blodwell.

Le marquis hocha la tête. « Je lui ai donné un coup de main et je lui ai demandé si je pouvais faire quelque chose pour lui. « Oui, donne-moi à boire », dit-il. Je lui ai dit qu'il était déjà ivre, mais il a dit que cela ne faisait aucun doute, alors je l'ai aidé à se rendre au gin-palace le plus proche.

« Voyez les gentillesses inavouées de ce cynique ! dit M. Blodwell.

« Je l'ai fait asseoir sur une chaise et je lui ai donné de l'alcool.

« 'Aimez-vous vous enivrer ?' Je lui ai demandé, tout comme tu m'as demandé si j'avais apprécié la vie.

« Sa boisson ne gênait pas sa langue, elle semblait seulement lui prendre les jambes. Il posa son verre et me fit un petit discours.

« L'alcool, dit-il, a été ma malédiction ; cela a détruit ma maison, gâché mon travail, détruit mon caractère, m'a envoyé, moi et le mien, en prison et dans la honte. Que Dieu bénisse l'alcool ! dis-je.

« Je lui ai dit que c'était une vieille bête, tout comme toi, Blodwell, tu m'as dit que je l'étais, d'une manière plus polie. Il a seulement souri et a dit : « Si vous êtes un gentleman, vous me raccompagnerez à la maison. Être couché dans le caniveau coûte cinq shillings le lendemain matin, et je ne les ai pas.

« Très bien, dis-je ; et après un autre verre, nous sommes partis. Il connaissait le chemin et m'a conduit à travers de nombreux endroits sales jusqu'à l'un des repaires les plus méchants que j'aie jamais vu. Une femme au visage rouge, aux bras rouges et à la voix rouge (vous voyez ce que je veux dire) a ouvert la porte et a lancé un nuage de Billingsgate vers lui. Le vieux la traitait avec une grande courtoisie.

« « C'est tout à fait vrai, Mme Bort », dit-il ; tu as toujours raison : je me suis ruiné.

« 'Et ton dard !' cria la femme.

« Et ma fille. Et je suis ivre maintenant, et j'espère l'être demain.

« ' Ah ! espèce de vieille bête ! dit-elle, tout comme moi, en serrant le poing.

« Il s'est retourné vers moi et m'a dit : « Je vous suis obligé, monsieur. Je ne connais pas votre nom.

« 'Vous ne seriez pas mieux si vous le faisiez', dis-je. 'Vous ne pourriez pas le boire.'

« Voulez-vous me donner un souverain ? » Il a demandé. « Une semaine de joie, monsieur, une semaine de joie et de vie.

« 'Donnez-le-moi', dit la femme, 'et elle et moi aurons quelque chose à manger pour nous maintenir en vie.'

« Au fond, je suis un homme bienveillant, M. Neston, comme le remarque Blodwell. J'ai dit,

« 'Voici un souverain pour vous et elle' (je suppose qu'elle parlait de la fille) 'pour vous aider à rester en vie ; et voici un souverain pour vous, monsieur, pour vous aider à vous tuer… et le plus tôt sera le mieux, dis-je.

« 'Vous avez raison', dit-il. « La liqueur commence à perdre son goût. Et quand ce n'est plus le cas, Luke Gale est parti ! »

"Luc qui?" » jaillit des deux hommes.

Lord Mapledurham leva les yeux. "Quel est le problème? Coup de vent, je pense. J'ai découvert plus tard que le vieil animal avait peint des aquarelles, la seule chose qu'il avait à faire avec de l'eau.

«Le Seigneur l'a livrée entre vos mains», dit M. Blodwell à George.

"Tu es ivre aussi, Blodwell ?" demanda le marquis.

"Non; mais--"

« Comment s'appelait cette femme ? » demanda George en sortant un carnet.

« Bort. Tu vas me le dire ?

"Eh bien, si cela ne vous dérange pas——"

"Pas du tout. Dis-moi plus tard, si c'est amusant. Il y a si peu de choses amusantes.

« Vous n'avez pas vu la fille, n'est-ce pas ?

« Oh, bien sûr, c'est la fille ! Non."

"Avez-vous déjà connu un homme nommé Witt?"

"Jamais; mais, M. Neston, j'ai entendu parler d'une Mme Witt. Maintenant, Blodwell, soit laisse tomber, soit tais-toi et parlons d'autre chose.

"Ce dernier, s'il vous plaît", dit M. Blodwell avec urbanité.

Et le marquis, qui avait dépassé la vanité de vouloir tout savoir, ne fit aucun effort pour revenir sur ce sujet. Seulement, au moment où George prenait congé, il reçut un conseil accompagné d'une cordiale invitation à revenir.

« Excusez-moi, M. Neston », dit le marquis. « Il me semble que je vous ai apporté une aide involontaire ce soir.

"Je l'espère. Je le saurai dans un jour ou deux.

« Aimer avoir raison, monsieur Neston, est la dernière faiblesse d'un homme sage ; aimer être considéré comme juste est le préjugé invétéré des imbéciles.

« Cette dernière phrase est dure, monseigneur, » dit George en riant.

"En réalité, cela dépend surtout de vos revenus", répondit le marquis. "Bonne nuit, M. Neston."

George lui dit bonsoir et s'éloigna en haussant les épaules à la pensée que même un homme aussi avisé que Lord Mapledurham semblait incapable d'apprécier sa position.

«Ils veulent tous que je laisse tomber», songea-t-il. « Eh bien, je le ferai, à moins que… ! Mais demain, j'irai à Liverpool.

Il était agité et excité. La maison et le lit lui semblaient inacceptables, et il se tourna vers le Themis Club, d'où les machinations de l'ennemi ne l'avaient pas encore expulsé. Là, allongé sur un canapé et fumant un cigare, il trouva Sidmouth Vane.

« Pourquoi n'êtes-vous pas venu chez Lord Mapledurham, Vane ? demanda Georges.

« Oh, tu y es allé ? Je dînais avec mon chef. Je ne savais pas que tu connaissais Mapledurham.

"Je l'ai rencontré hier pour la première fois."

"C'est un vieux pêcheur bizarre", a déclaré Vane. « Mais avez-vous entendu la nouvelle ? »

"Non. Y a-t-il?"

"Tommy Myles s'est fiancé."

Georges commença. Il pressentit le nom de la dame.

"Ressaisissez-vous, mon cher garçon", a poursuivi Vane. "Supporte-le comme un homme."

« Ne sois pas un connard, Vane. Je suppose que c'est Miss Bourne ?

Vane hocha la tête. « Ce serait vraiment amusant, dit-il, si vous me disiez honnêtement ce que vous ressentez. Mais bien sûr, vous ne le ferez pas. Vous avez déjà commencé à donner l'impression que vous n'aviez jamais entendu parler de Miss Bourne.

"Étalages!" dit Georges.

«Maintenant, je me demande toujours pourquoi les gars font ça. Quand j'ai été refusé par une fille, et... »

«Je vous demande pardon», dit George. "Je n'ai pas été refusé par Miss Bourne."

"Eh bien, tu l'aurais été, tu sais. Cela revient au même.

Georges rit. «J'ose dire que je devrais le faire; mais je n'ai jamais eu l'intention de m'exposer à un tel sort.

"George, mon ami, penses-tu que tu dis la vérité ?"

"Je dis la vérité."

"Pas du tout", répondit calmement Vane. « Il y a quelques mois, vous vouliez lui demander ; et en plus, elle t'aurait eu.

George était vaguement conscient que cela pouvait être le cas.

"Ce n'est pas ma morale", a poursuivi Vane.

« Votre morale ? »

"Non. Je l'ai pris dans le *mille* .

Georges gémit.

"Ils annoncent le mariage ce soir et ajoutent qu'ils ont des raisons de croire que les fiançailles sont le résultat en grande partie de l'intérêt commun des parties dans *l'affaire Neston* ."

"Je devrais dire qu'ils sont exceptionnellement précis."

« Cela veut dire par là, pour ceux qui ont des yeux, qu'elle vous a abandonné à cause de vos agissements et qu'elle s'est engagée avec Tommy. En conséquence, vous êtes ce soir en train de « montrer une morale et d'orner une histoire ».

"Le diable!"

« Oui, ce n'est pas très apaisant, n'est-ce pas ? Mais c'est ainsi. J'ai regardé chez Mme Pocklington et ils en parlaient tous.

"Les Pocklington l'étaient?"

"Oui. Et ils m'ont demandé... »

"Qui vous a demandé?"

"Oh, Violet Fitzderham et Laura Pocklington, si c'était le fait que vous étiez amoureux de Miss Bourne."

"Et qu'est-ce que vous avez dit?"

"J'ai dit que c'était une question de notoriété."

« Confondez vos ragots ! Il n'y a pas un mot de vérité là-dedans.

«Je n'ai pas dit que c'était le cas. J'ai dit que c'était une question de notoriété. Donc c'était ça."

« Et l'ont-ils cru ?

« Est-ce que qui y a cru ? » demanda Vane en souriant légèrement.

"Oh, Miss Pocklington, et—et l'autre fille."

"Oui, Miss Pocklington et l'autre fille, je pense, l'ont cru."

"Qu'ont ils dit?"

"L'autre fille a dit que ça t'avait bien servi."

"Et--?"

"Et Miss Pocklington a dit qu'il était temps de faire de la musique."

"Sur mon âme, c'est dommage!"

« Mon cher ami, vous savez que vous étiez amoureux d'elle, à votre manière de poisson. Seulement tu l'as oublié. On l'oublie quand… »

"Bien?" demanda Georges.

«Quand on est amoureux d'une autre fille. Ah, George, tu ne peux pas échapper à mon œil d'aigle ! J'ai vu votre jeu et je vous ai fait une gentillesse.

George pensait qu'il était inutile d'essayer de garder son secret. "C'est votre idée de la gentillesse, n'est-ce pas?"

"Certainement. Je l'ai rendue jalouse.

"Vraiment", dit George avec hauteur, "je pense que cette discussion sur les sentiments des femmes n'est pas de bon goût."

"Tout à fait vrai, vieil homme", répondit Vane, imperturbable. "C'est une chance que cela ne t'ait pas frappé avant d'avoir entendu tout ce que tu voulais."

"Je dis, Vane," dit George en se penchant en avant, "est-ce qu'elle avait l'air…"

« Miss Pocklington ou l'autre fille ?

« Oh, bon sang, l'autre fille ! Vraiment, Vane, mon vieux ?

"Oui, elle l'a fait, un peu, George, mon vieux."

«Je suis un imbécile», dit George.

"Oh, je ne sais pas", a déclaré Vane avec tolérance. "Je suis toujours moi-même idiot à propos de ces choses-là."

« Il faut que j'aille les voir demain. Non, je ne peux pas y aller demain ; Je dois quitter la ville.

« Ah ! où?"

"Liverpool, pour affaires."

« Liverpool, pour affaires ! Cher moi! Je vais te dire une autre chose étrange, George : une coïncidence.

"Bien?"

« Vous allez à Liverpool demain pour affaires. Eh bien, aujourd'hui, Mme Witt est allée à Liverpool pour affaires.

"Le diable!" dit George pour la seconde fois.

CHAPITRE XI.
PRÉSENTATION D'UNE FEMME HONNÊTE.

INSÉRER des piquets carrés dans des trous ronds est l'un des passe-temps favoris de la nature. Elle le fait brutalement, violemment et avec un mépris gratuit pour les sentiments des chevilles carrées. Quand, dans son jeu acharné, elle a enfin enfoncé la pauvre cheville et l'a remise en place, à force de faire tomber et d'abraser tous ses coins, les philosophes la glorifient, appelant le processus évolution, et les hommes simples se demandent pourquoi elle n'a pas commencé à l'autre extrémité, et faites des trous d'équerre pour s'adapter aux chevilles.

La cheville carrée sur laquelle pendent ces réflexions banales est la pauvre Neaera Witt. La nature a fait d'elle une créature insouciante, insouciante et optimiste, seulement pour la conduire, par malveillance, dans un environnement - c'est-à-dire, pour employer une expression non scientifique, un trou - où elle avait besoin de l'équipement d'un pur-sang. conspirateur.

Elle a résisté à l'opération ; elle s'en remettait constamment au hasard pour la tirer des embûches où elle, n'étant pas philosophe, croyait que le hasard l'avait jetée. Si elle voyait une arme à portée de main, elle l'utilisait, comme elle avait utilisé le personnage de Bournemouth, mais pour l'essentiel elle faisait confiance à la chance. George Neston échouerait, ou il céderait ; ou Gérald serait invinciblement incrédule, ou, ajoutait-elle en souriant à son visage dans le verre, invinciblement amoureux. D'une manière ou d'une autre, les choses s'arrangeraient ; et, au pire, dix jours supplémentaires amèneraient le mariage ; et après le mariage... Mais en réalité, dix jours à venir, c'est tout ce qu'on peut espérer, surtout quand les dix jours incluent le mariage.

Néanmoins, Sidmouth Vane avait le don d'être exact dans ses informations, et il avait raison de déclarer que Neaera était allée à Liverpool pour affaires. Bien sûr, c'était simplement une supposition que sa course pouvait être liée à celle de George, mais c'était une bonne supposition. Neaera connaissait bien le point faible de son armure. Jusqu'ici elle s'était contentée de faire confiance à son adversaire sans le découvrir ; mais, à mesure que le moment décisif approchait, une inquiétude nerveuse surmonta tellement son *insouciance naturelle* qu'elle la détermina à s'efforcer de compléter ses défenses, en prévision de tout assaut contre elles. Elle ignorait heureusement le hasard qui avait dirigé les forces de George contre son point vulnérable, et imaginait qu'elle était elle-même, selon toute probabilité humaine, la seule personne à Londres pour qui le nom de Mme Bort serait plus qu'un insignifiant et sans euphonie. syllabe. Pour elle, le nom était plein de sens ; car, depuis sa jeunesse jusqu'au jour de l'heureuse intervention de ce gros et âgé *deus ex machina* , feu

M. Witt, Mme Bort avait été à Néaera l'incarnation de la vertu et de la moralité, et les caractéristiques physiques qui avaient attiré l'attention de Lord Mapledurham. l'attention frivole n'avait été pour elle que l'aspect renfrogné sous lequel la justice et la droiture ont tendance à se présenter.

Neaera était une jeune fille au bon cœur et Mme Bort vivait désormais d'une pension confortable, mais aucun amour ne se mêlait au sens du devoir qui inspirait ce cadeau. Mme Bort avait interprété son autorité quasi maternelle avec la plus grande latitude, et Neaera frémit en se rappelant combien de fois la discipline de Mme Bort l'avait rendue intelligente, d'une manière contre laquelle l'apathie de la conscience n'était ni un bouclier ni un bouclier. Le enregistreur Dawkins aurait gémi de savoir à quel point même les terreurs judiciaires pâlissaient dans les souvenirs de Neaera devant l'image de Mme Bort.

Ces craintes enfantines sont difficiles à se débarrasser, et Neaera, alors qu'elle se rendait luxueusement à Liverpool, reconnut que, dans cette terrible présence, aucune gloire fortuite de richesse présente ou de rang futur ne lui servirait. Le fait déterminant dans la situation, le fait que Neaera ne voyait pas comment se rencontrer, était que Mme Bort était une honnête femme. Neaera la connaissait et savait qu'un pot-de-vin serait pire qu'inutile, même si elle osait l'offrir.

" Et je ne pense pas, " dit Neaera en posant son joli menton sur sa jolie main, " que je devrais oser. " Puis elle rit tristement. « Je ne suis pas du tout sûr qu'elle ne me battrait pas ; et si elle le faisait, que pourrais-je faire ?

Neaera a probablement exagéré même la droiture intrépide de Mme Bort, mais elle était si convaincue de la nature de l'accueil que recevrait toute proposition aussi évidente qu'elle a décidé que sa seule solution était de se jeter sur Mme. La miséricorde de Bort, au cas où cette dame se révélerait sourde à une petite proposition subtile qui était la première arme de Neaera.

Pour autant que Neaera le sache, Peckton et Manchester étaient les seuls endroits où George Neston était susceptible de chercher ses traces. Liverpool, bien que éloigné de Peckton, était inconfortablement proche de Manchester. Chaque jour avait désormais une grande valeur. Si elle parvenait à emmener Mme Bort dans un endroit éloigné le plus tôt possible, elle gagnerait un avantage non négligeable dans sa course contre la montre et George Neston.

"Si seulement elle va à Glentarroch, il ne la trouvera jamais."

Glentarroch était le nom d'une petite retraite dans la lointaine Écosse, où M. Witt avait l'habitude de se rendre pour se reposer et se divertir. C'était désormais celui de Neaera. C'était un endroit magnifique, immatériel, et particulièrement inaccessible, qui était très matériel. Les instincts despotiques de Mme Bort ne la pousseraient-ils pas à accepter une invitation à régner sur Glentarroch ? Neaera ne pouvait pas se permettre de plaindre les malheureux fantômes sur lesquels Mme Bort régnerait.

Mme Bort reçut Neaera d'une manière très inconvenante pour une retraitée. « Eh bien, Nery, dit-elle, qu'est-ce qui t'amène ici ? Pas bon, je serai lié. Où est ton deuil ?

Neaera dit qu'elle pensait que la résignation à la volonté du Ciel n'était pas un sujet de reproche, et qu'elle était venue demander une faveur à Mme Bort.

"Oui, tu viens me voir quand tu veux quelque chose. C'est la vieille histoire.

Neaera se souvenait que Mme Bort avait souvent adopté sa propre opinion sur ce que voulait le suppliant et avait donné quelque chose de tout autre que ce qui était demandé ; mais, malgré cette ouverture peu prometteuse, elle persévéra et déposa devant Mme Bort une image éblouissante de la grandeur qui l'attendait à Glentarroch.

« Et je vous en serai très reconnaissant. En réalité, je ne sais pas ce que font les domestiques, surtout les filles.

« Mes bagages à main, je vais être lié », a déclaré Mme Bort. "Pourquoi n'y vas-tu pas toi-même, Nery ?"

« Oh, je ne peux pas, en effet. Je… je dois rester à Londres.

"Cela semble être un petit endroit méchant, froid et ennuyeux", a déclaré Mme Bort.

"Oh, bien sûr, je considérerai tout cela..."

« Il… il ! Mme Bort ricana désagréablement. "Alors ce n'est pas un endroit idéal, comme vous l'appelez, après tout ?"

Neaera s'est retrouvée sans dignité et a déclaré qu'elle pensait à quarante livres par an et qu'elle avait tout trouvé.

« Ah, si je savais où tu faisais, Nery !

Neaera a laissé entendre qu'il s'agissait simplement d'une question d'accommodement mutuel. « Et il n'y a vraiment pas de temps à perdre », dit-elle plaintivement. "Je me fais voler tous les jours."

« Les veuves traversent des moments difficiles », a déclaré Mme Bort. Et Neaera ne jugea pas nécessaire de dire à quel point ses moments difficiles allaient bientôt prendre fin.

« Revenez demain après-midi et je vous le dirai », fut l'ultimatum de Mme Bort. "Et attention, ne faites pas de bêtises."

"Pourquoi l'après-midi?" demanda Nééra.

"Parce que je me lave", dit Mme Bort d'un ton vif. "C'est pourquoi."

Nééra implorait en vain une réponse immédiate. Mme Bort a déclaré qu'un jour n'avait pas d'importance et que, si Neaera la pressait davantage, elle devrait considérer cela comme une indication que quelque chose se passait et refuser d'y aller du tout. Neaera fut réduite au silence et retourna tristement à son hôtel.

« Comme je déteste cette bonne, bonne femme ! » elle a pleuré. « Je ne la reverrai jamais de ma vie, après-demain. Oh, j'aimerais la frapper !

Les propulsions de cause en cause sont, comme l'a dit Bacon, infinies. Si Mme Bort ne s'était pas lavée – au sens technique, bien sûr – ce vendredi-là, Neaera serait allée et venue – peut-être même Mme Bort aurait-elle pu y aller aussi – avant que le train n'amène George Neston à Liverpool, et son impatient des enquêtes l'ont conduit au domicile de Mme Bort. En fait, la petite servante de Mme Bort lui ordonna d'attendre dans le salon, tandis que sa maîtresse parlait à une femme dans la cuisine. La petite servante considérait que « femme » était la manière la plus polie possible de décrire toute personne qui n'était pas un homme, et accorda le titre à Neaera en raison de ses robes bruissantes et de son ombrelle à pointe d'or.

George n'a pas interrogé son informateur, démontrant ainsi que lui, dans son *rôle* de détective, était une cheville carrée dans un trou rond. Il entendit sortir de la cuisine le murmure de deux voix sourdes, dont l'une dominait cependant l'autre.

"Ce doit être Mme Bort", pensa-t-il. "J'aimerais pouvoir entendre la femelle."

Puis son attention se détourna, car il s'assura que l'inconnu ne pouvait pas être Neaera, puisqu'elle avait eu une journée avec lui. Il n'a pas permis à Mme Bort de faire sa lessive. Soudain, la voix dominante s'éleva jusqu'à devenir distincte.

« Lui avez-vous dit, disait-il, ou lui avez-vous menti, comme vous m'avez menti hier ?

«Je ne l'ai pas fait, je ne l'ai pas fait», fut la réponse. "Tu ne m'as jamais demandé si j'allais me marier."

« Oh, vas-y ! Vous savez comment j'aurais répondu à cela lorsque vous viviez avec moi.

« Comment ça ? » demanda George avec un léger sourire.

« Lui avez-vous dit ?

"Je lui ai dit quoi ?" demanda Nééra ; car c'était clairement Nééra.

"Je lui ai dit que tu étais un voleur."

« Cette femme est une brute », pensa George.

« Vraiment ?

« Non, pas exactement. Comment oses-tu m'interroger ?

"Oser!" dit Mme Bort ; et George savait qu'elle se tenait debout, les bras sur les hanches. "Oser!" elle répétait *crescendo* ; et apparemment son aspect était menaçant, car Neaera s'écria :

« Oh, je ne voulais pas dire ça. Laissez-moi partir.

« Dis la vérité, si ta langue le veut bien. La vérité, n'est-ce pas ?

« Bon sang ! » dit Georges ; car, à la suite de ce dernier discours, il entendit un sanglot.

« Non, je ne l'ai pas fait. Je… oh, aie pitié de moi !

"Miséricorde! Ce n'est pas de la pitié, c'est un bâton que tu veux. Mais je vais lui dire.

"Ah, arrête, pour l'amour du ciel !"

Il y a eu une petite bagarre ; puis la porte s'ouvrit brusquement et Mme Bort apparut, avec Neaera accrochée, impuissante, à ses genoux.

George se leva et s'inclina poliment. « J'ai peur de déranger », dit-il.

"C'est facile à réparer", dit Mme Bort avec signification.

Neaera avait bondi en l'apercevant et s'était appuyée, essoufflée, contre la porte, ressemblant à une créature impuissante aux abois.

« Qui vous a laissé entrer ? » demanda la maîtresse de maison.

"Votre serviteur."

"Je vais *la laisser* entrer", dit sombrement Mme Bort. "Qui es-tu?"

Georges regarda Nééra. «Je m'appelle Neston», dit-il doucement.

"Neston?"

"Certainement."

« Alors vous êtes dans une période agréable ; Je te voulais, jeune homme. Vous voyez cette femme ?

"Certainement; Je vois Mme Witt.

« Tu sais ce qu'elle est ? Il est temps que vous le fassiez, si vous comptez l'emmener à l'église.

Néaera sursauta.

«J'espère y parvenir», dit George en souriant; "et je pense que je sais tout d'elle."

« Et oui, maintenant ? Avez-vous déjà entendu parler de Peckton ?

Neaera enfouit son visage dans ses mains et pleura.

« Ah, dommage que tu n'aies pas de quoi pleurer ! Je pensais qu'un péché serait commis pour dix livres par mois, n'est-ce pas ?

George intervint ; il a commencé à s'amuser. «Peckton? Oh oui. Les chaussures, tu veux dire ?

Mme Bort haleta.

"Une bagatelle", dit George, agitant les chaussures dans les limbes.

"Gracieux! Vous n'êtes pas dans la même file, n'est-ce pas ?

Georges secoua la tête.

"Rien d'autre?" » demanda-t-il, toujours souriant gentiment.

"Seulement un peu de forgeage", a déclaré Mme Bort. "Mais peut-être qu'elle a eu ses mérites de ma part à cause de ça."

"Forger?" dit Georges. «Oh ah, oui. Vous voulez dire à propos de… »

« Sa maison à Bournemouth ? Ah, Nery, tu n'as pas encore mal ?

Apparemment, Neaera l'a fait. Elle frissonna et gémit.

"Mais je l'ai", a continué Nemesis; et elle a traversé la pièce en bondissant vers un placard. "Là, lis ça."

George le prit avec calme, mais le lut avec un empressement secret. C'était le personnage original et il déclarait que Miss Gale avait commencé son service en mai et non en mars 1883.

«Je l'ai surprise en train de le copier et de modifier les dates. Mon Dieu, comment j'ai fait… »

"Très cher!" interrompit Georges. «J'avais peur que ce soit quelque chose de nouveau. Y a-t-il autre chose, Mme Bort ?

Mme Bort a été battue.

« Allez-y », dit-elle. « Si ça vous plaît, ce n'est rien pour moi. Mais fermez votre tirelire sous clé.

"Permettez-moi de vous féliciter, Mme Bort, d'avoir accompli votre devoir."

«Je suis une femme honnête», a déclaré Mme Bort.

"Oui", répondit George, "par les pouvoirs que vous êtes!" Puis, se tournant vers Mme Witt, il ajouta : « Allons-nous y aller, Neaera chérie ?

« Vous allez tous les deux mourir sur la potence », dit Mme Bort.

« Viens, Neaera », dit George.

Elle lui prit le bras et ils sortirent, George donnant à la petite servante un beau pourboire pour la récompenser de la perspective d'être « laissée entrer » par sa maîtresse.

Le taxi de George était devant la porte. Il remit Neaera. Elle pleurait toujours à moitié et ne dit rien, sauf pour lui dire le nom de son hôtel. Puis il releva son chapeau et la regarda s'éloigner en s'essuyant le front avec son mouchoir.

« Ouf ! » dit-il, je l'ai fait maintenant, et quelle honte infernale !

CHAPITRE XII.
PAS DEVANT CES FILLES !

C'EST un fait notoire que les hommes de tous âges et de toutes conditions se querellent, et parfois avec violence. Les femmes aussi, de bas rang social, ne sont pas étrangères à la discorde, et la plume de la satire n'a pas épargné les querelles et les querelles qui s'élèvent entre des dames âgées d'une situation irréprochable et entre des demoiselles aux mœurs peut-être pas irréprochables. Il est plus difficile de croire, surtout pour les jeunes hommes dont la barbe est pourtant douce sur le menton, que la gracieuse et douce enfance se dispute aussi. Personne ne le croirait s'il n'y avait pas de sœurs dans le monde ; mais, malheureusement, malgré la tendance naturelle à supposer que tous les attributs typiquement terrestres sont confinés à ses propres sœurs et n'ont pas de place chez les sœurs de ses amis, un homme réfléchi, vérifiant ses observations dans les diverses méthodes suggérées par les logiciens. , est obligé de conclure qu'il s'agit là d'un autre exemple de la vieille vérité, selon laquelle une chose ne doit pas être considérée comme inexistante simplement parce qu'elle n'est pas visible à une personne qui n'est pas censée la voir. Ces nombreuses excuses pour l'incident qui suit sont jugées nécessaires dans l'intérêt de la réputation de réalisme du narrateur.

Le fait est qu'il y a eu ce que les journalistes appellent une « scène » chez Mme Pocklington. C'est ainsi qu'Isabel Bourne, accompagnée de Maud Neston, a appelé Laura pour recevoir des félicitations. Laura fit son devoir, félicita son amie pour la possession de Tommy et le titre de Tommy en réversion, et réprima loyalement son opinion personnelle sur le rôle que ces deux facteurs avaient respectivement joué dans la production du résultat annoncé. Sa patience n'a pas été récompensée ; car Maud, pour conclure l'affaire et démontrer de manière concluante la situation satisfaisante des affaires, doit nécessairement remarquer : « Et quelle leçon ce sera pour George !

Laura n'a rien dit.

"Oh, tu ne dois pas dire ça, ma chérie", objecta Isabel. "Ce n'est vraiment pas bien."

«Je le dirai», dit Maud; "C'est exactement ce qu'il mérite, et je sais qu'il le ressent lui-même."

« Est-ce qu'il vous l'a dit ? » demanda Laura en s'arrêtant au moment de verser le thé.

Maud rit.

« À peine, chérie. En plus, nous ne sommes pas en bons termes. Mais Gerald et M. Myles l'ont tous deux dit.

«Gérald et M. Myles!» dit Laura.

"S'il vous plaît, n'en parlez pas", intervint Isabel. "Ce qui s'est passé n'a fait aucune différence."

"Eh bien, Isabel, tu ne pouvais pas l'avoir après..."

«Non», dit Isabelle; "mais peut-être, Maud, je n'aurais pas dû l'avoir avant."

« Bien sûr que non, chérie. Vous avez vu son vrai caractère.

« Vous ne l'avez jamais réellement refusé, n'est-ce pas ? » demanda Laura.

"Non, pas exactement."

"Alors qu'est-ce que tu as dit?"

"Qu'est-ce que j'ai dis?"

"Oui, quand il te l'a demandé, tu sais", dit Laura avec un petit sourire.

Isabel la regarda avec méfiance. «Il ne me l'a jamais vraiment demandé», dit-elle avec dignité.

"Oh! Je pensais que tu avais sous-entendu… »

"Mais, bien sûr, elle savait qu'il le voulait," ajouta Maud. "N'est-ce pas, chérie?"

"Eh bien, c'est ce que je pensais", dit Isabel modestement.

"Oui, je sais que tu le pensais", dit Laura. « En effet, tout le monde l'a vu. Était-ce très difficile de l'en empêcher ?

La couleur d'Isabel est rose. "Je ne sais pas ce que tu veux dire, Laura," dit-elle.

Laura sourit avec un sourire désagréable qui était une véritable victoire sur la nature. "Les hommes s'imaginent parfois," remarqua-t-elle, "que les filles sont plutôt pressées de penser qu'elles veulent proposer."

"Laura!" s'exclama Maud.

"On dit même que le souhait est le père de la pensée", continua Laura, toujours souriante, mais maintenant un peu tremblante.

Isabel devint de plus en plus rouge. "Je ne te comprends pas. On croirait que vous vouliez dire que j'avais couru après lui.

Laura resta silencieuse.

"Tout le monde sait qu'il était amoureux d'Isabel depuis des années", s'indigne Maud.

« Il était très patient », a déclaré Laura.

Isabelle se leva. « Je ne resterai pas ici pour me faire insulter. C'est assez évident, Laura, pourquoi tu dis de telles choses.

«Je ne dis rien. Seulement--"

"Bien?"

"La prochaine fois, vous pourriez mentionner que l'une des raisons pour lesquelles vous avez refusé M. Neston était qu'il ne vous l'a jamais demandé."

«Je vois ce que c'est», dit Isabel. "N'est-ce pas, Maud?"

"Oui", dit Maud.

"Qu'est-ce que c'est?" demanda Laura.

"Non, rien. Seulement, j'espère… je vous souhaite de la joie avec lui.

"Si un calomniateur ne vous dérange pas", a ajouté Maud.

"Ce n'est pas vrai!" dit Laura. "Comment oses-tu le dire?"

« Prends garde, ma chérie, qu'il ne pense pas que tu es pressée... Quelle a été ta phrase ? dit Isabelle.

«C'est parfaitement honteux», a déclaré Maud.

« Je ne choisis pas d'entendre un ami se faire dévaler pour rien », a déclaré Laura.

"Un ami? Comme vous êtes chevaleresque ! Viens, Maud chérie.

«Au revoir, Laura», dit Maud. "Je suis sûr que tu seras désolé quand tu y réfléchiras."

« Non, je ne le ferai pas. JE--"

"Là!" dit Isabelle. "Je n'ai plus envie d'être insulté."

Les deux visiteurs sont partis et Laura est restée seule. Sur quoi elle se mit à pleurer. «Je déteste ce genre de vulgarité», dit-elle en s'épongant les yeux. "Je ne crois pas qu'il ait jamais pensé..."

Mme Pocklington entra en majesté urbaine. "Eh bien, Isabel est-elle contente de son petit homme?" elle a demandé. "Pourquoi, mon enfant, qu'est-ce qu'il y a ?"

«Rien», dit Laura.

"Tu pleures."

"Non, je ne suis pas. Ces filles ont été horribles.

"Qu'en est-il de?"

"Oh, les fiançailles, et..."

"Et quoi?"

"Et pauvre M. Neston... George Neston."

« Oh, pauvre George Neston. Qu'ont ils dit?"

"Isabel a prétendu qu'il avait été amoureux d'elle, et—et qu'il était amoureux d'elle, et qu'elle l'avait refusé."

"Oh, et ça t'a fait pleurer ?"

"Non pas ça--"

« Quoi alors ? »

"Oh, s'il te plaît, maman!"

Mme Pocklington sourit. « Arrête de pleurer, ma chérie. Avant, ça me convenait, mais ça ne te va pas. Arrête, chérie.

"Très bien, maman", dit la pauvre Laura, pensant un peu mal qu'elle ne pleure même pas.

"As-tu pleuré devant les filles?"

"Non", dit Laura avec emphase.

"Bon enfant", dit Mme Pocklington. « Maintenant, écoute-moi. Tu ne dois plus jamais penser à lui… »

"Maman!"

"Jusqu'à ce que je te le dise."

"Ah!"

« Un type ennuyeux et intrusif. Est-ce que ton père est là, Laura ?

"Oui chérie. Vas-tu le voir vers… ?

"Eh bien, tu es aussi mauvaise qu'Isabel !" » dit Mme Pocklington avec une sévérité feinte, en dégageant les bras de Laura de son cou. « Il ne vous l'a jamais demandé non plus !

« Non, chérie ; mais--"

« La vanité de ces enfants ! Là, laisse-moi partir ; et pour l'amour de Dieu, ne sois pas un bébé qui pleure, Laura. Les hommes détestent les bouteilles d'eau.

Mêlant ainsi consolation et reproche, Mme Pocklington se dirigea vers le bureau de son mari.

«Je veux cinq minutes, Robert», dit-elle en s'asseyant.

« Cela vaut mille livres la minute, ma chère », dit M. Pocklington avec bonhomie en déposant sa pipe et ses papiers. "Qu'est-ce qu'il y a avec cette grève..."

"Grève!" dit Mme Pocklington avec indignation. "Pourquoi les laisses-tu frapper, Robert ?"

«Je n'y peux rien. Ils veulent plus d'argent.

"Absurdité! Ils veulent qu'on leur enseigne leurs catéchismes. Mais je ne suis pas venu pour en parler.

« Je suis désolé que vous ne l'ayez pas fait, ma chère. Vos opinions sont rafraîchissantes.

"Robert, Laura a une idée en tête à propos du jeune George Neston."

"Oh!"

"'Oh!' ça ne me dit pas grand chose.

"Eh bien, vous savez tout sur lui."

« C'est un très excellent jeune homme. Pas riche."

« Un pauvre ? »

"Non. Assez."

"D'accord. Si vous êtes satisfait, je le suis. Mais ne s'est-il pas ridiculisé à propos d'une femme ?

« Vraiment, Robert, comme tu t'exprimes bizarrement ! Je suppose que tu veux dire à propos de Neaera Witt ?

"Oui c'est ça. J'ai entendu une rumeur.

« J'ai entendu une rumeur ! Bien sûr, vous avez lu chaque mot à ce sujet et en avez parlé au Club et à la Maison. Maintenant, n'est-ce pas ?

«Peut-être que oui», a admis son mari. "Je pense que c'est un jeune imbécile."

« Dois-je considérer cela comme un obstacle ?

"Eh bien, qu'en penses-tu toi-même ?"

"C'est votre affaire. Les hommes connaissent ce genre de choses.

« Est-ce que l'enfant… hein ?

"Oui, plutôt."

"Et il?"

"Oh, oui, ou ce sera très bientôt, quand il verra qu'elle l'est."

"Pauvre petite Lally!" dit M. Pocklington. Puis il s'est assis et a réfléchi. «C'est un obstacle», dit-il enfin.

"Ah!" dit sa femme.

"Il doit se redresser."

"Voulez-vous dire, prouver ce qu'il dit?"

"Eh bien, en tout cas, montrez qu'il avait une bonne excuse pour dire cela."

«Je pense que c'est un peu difficile. Mais c'est à vous de décider.

M. Pocklington hocha la tête.

"Alors, c'est réglé", a déclaré Mme Pocklington. "C'est un grand réconfort, Robert, d'avoir un homme qui connaît son esprit sur place."

« Soyez doux avec elle », dit-il, et il reprit la grève.

Les autres parties à la discussion sur les mérites de George s'étaient naturellement rendues chez Neaera Witt, dans l'espoir d'être remerciées pour leur saint zèle. Ils furent déçus car, en arrivant à Albert Mansions, ils furent informés que Neaera, bien que revenue de Liverpool, n'était pas visible. "M. Neston attend depuis plus d'une heure pour la voir, mademoiselle, dit la très respectable servante de Neaera, mais elle ne veut pas quitter sa chambre.

Gerald entendit leurs voix et sortit.

«Je n'arrive pas à comprendre ce qui se passe», dit-il.

"Oh, je suppose que le voyage l'a mise en cloque", suggéra Isabel.

"Vas-tu attendre, Gérald?" demanda Maud.

"Et bien non. Le fait est qu'elle m'a envoyé un message pour m'en aller.

"Alors reviens avec moi", dit Isabel, "et nous essaierons de te consoler."
Gérald apprécierait leur histoire autant que Neaera.

La mauvaise humeur est excusable chez les personnes qui campent sur un volcan actif, et Neaera a estimé que c'était tout à fait sa position. À tout moment, elle pourrait être projetée dans l'espace, ses rêves agréables brisés, ses champions honteux et elle-même chassée à jamais du seul endroit dans la vie qu'elle tenait à occuper. Son abaissement était pitoyable, et sa pénitence, née d'une simple défaite, n'offre aucune base d'édification. Elle avait sérieusement envie de s'enfuir ; car elle ne pensait pas pouvoir faire face à la colère de Gérald, ou, pire encore, à son chagrin. Il la rejetterait, et la société la rejetterait, et ces affreux journaux tourneraient contre elle leurs tonnerres. Elle aurait pu se consoler de son bannissement de la société avec l'amour de Gérald, ou peut-être de la perte de son amour avec les triomphes de la société ; mais elle perdrait les deux et n'aurait plus personne au monde à qui parler, à l'exception de cette odieuse Mme Bort. Alors elle s'assit et réfléchit tristement, avec le chat sans queue, à ce cadeau d'un sympathique geôlier de la prison de Peckton, ronronnant sur le tapis devant elle, personnifiant inconsciemment un passé irrévocable et un avenir vidé de délices.

CHAPITRE XIII.
CONTENANT PLUS D'UN ULTIMATUM.

IL était heureux que M. Blodwell n'ait pas été très occupé le samedi matin, sinon il aurait pu être mécontent du choix de sa chambre pour un conseil et ne pas avoir été apaisé par le fait qu'on lui ait demandé de prendre part aux délibérations. A onze heures du matin, Gerald Neston arriva, accompagné de Sidmouth Vane et de M. Lionel Fitzderham, qui était, en premier lieu, le frère de Mme Pocklington, et, en second lieu, président du comité du Themis. Club.

« Nous sommes venus, monsieur, » dit Gerald, « pour vous demander d'user de votre influence auprès de George. Sa conduite est insupportable.

"Rien de nouveau?" » demanda M. Blodwell.

« Non, c'est juste ça. C'est samedi. Je dois me marier lundi semaine; et George ne fait rien.

"Que veux-tu qu'il fasse?"

"Eh bien, pour reconnaître qu'il a tort, puisqu'il ne peut pas donner raison."

M. Blodwell regarda Fitzderham.

"Oui", dit ce dernier. « Cela ne peut pas rester tel quel. La dame doit être innocentée si elle ne peut être prouvée coupable. Nous sommes clairement arrivés à cette conclusion.

"Nous?"

"Le comité de Thémis."

«Oh, ah, oui. Et toi, Vane ?

"Je suis d'accord", a déclaré brièvement Vane. "J'ai soutenu George jusqu'à présent : mais je suis d'accord qu'il doit faire une chose ou une autre."

« Eh bien, messieurs, je suppose que vous avez raison. Seulement s'il ne le fait pas ?

"Alors nous agirons", a déclaré Fitzderham.

"Moi aussi", dit Gerald.

Vane haussa les épaules.

M. Blodwell a sonné.

« Est-ce que M. George est là, Timms ? Il a demandé.

"Oui Monsieur; vient d'arriver."

« Demandez-lui d'intervenir auprès de moi, s'il le veut. Je ne vois pas, poursuivit-il, pourquoi vous ne devriez pas régler cela avec lui. Je n'ai rien à voir avec ça, Dieu merci.

Georges entra. Il fut surpris de voir la députation, mais s'adressa exclusivement à Blodwell.

« Me voici, monsieur. Qu'est-ce que c'est?"

« Ces messieurs, dit M. Blodwell, pensent que le moment est venu pour vous de retirer vos allégations ou de les prouver.

"Vous voyez, George", a déclaré Vane, "ce n'est pas juste de laisser Mme Witt sous cette stigmatisation indéfinie."

"Loin de là", a déclaré Fitzderham.

Georges se tenait adossé à la cheminée. "Je suis tout à fait d'accord", a-t-il déclaré. « Voyons voir… c'est aujourd'hui samedi. Quand a lieu le mariage, s'il y a… ?

"La semaine du lundi", dit Blodwell précipitamment, craignant une explosion de Gerald.

"Très bien. Mardi--"

« Un télégramme pour vous, monsieur », dit Timms en entrant.

"Excusez-moi", dit George.

Il ouvrit et lut son télégramme. Il disait : « Oui, mon écriture. Je reviendrai au prochain courrier enregistré : Horne, Bournemouth.

"Lundi," continua George, "à cinq heures de l'après-midi, je prouverai tout ce que j'ai dit, ou je le retirerai."

Gérald paraissait inquiet, mais il essayait de penser, ou du moins de paraître penser, que le retard de George n'avait pour but que de rendre sa reddition moins brusque.

"Très bien! Devons-nous nous rencontrer ici ?

"Non", dit Gérald. "Mme. Witt devrait être présent.

"Est-ce souhaitable?" demanda Georges.

"Bien sûr que oui."

"Comme vous voulez. Je devrais dire non. Mais demandez-lui et laissez-vous guider par ses souhaits.

« Alors, chez Lord Tottlebury ? suggéra Vane.

"Bien sûr," dit George. Et, avec un léger signe de tête, il quitta la pièce.

« J'espère, » dit M. Blodwell, « que vous avez bien fait de pousser les choses jusqu'à leur extrémité. »

"Je n'ai pas pu m'en empêcher", dit brièvement Vane.

Et le conseil s'est dissous.

Le télégramme de Mme Horne compléta la position de George. Il était impossible pour Neaera de lutter contre de telles preuves, et son triomphe était assuré à partir du moment où il produisit le document original et le contrasta avec la copie falsifiée de Neaera. En outre, Mme Bort était à l'arrière-plan, s'il le fallait ; et bien qu'un élan de pitié l'eût poussé à protéger Neaera à Liverpool, cela ne l'empêchait en aucune façon d'appeler Mme Bort à son aide s'il la désirait. L'honneur de Neston était sauf, un imposteur dévoilé et la cause de la moralité, de la respectabilité, de la vérité et de la décence puissamment défendue. Surtout, George lui-même était en mesure de mettre en déroute ses ennemis, de faire rougir la joue imperturbable de la *cible* et de rencontrer ses amis sans sentir qu'ils avaient peut-être honte d'être vus en train de lui parler.

Les délices de cette dernière perspective étaient si grands que George ne put se résoudre à les différer, et, dans l'après-midi, il partit pour rendre visite aux Pocklington. Il ne pouvait y avoir aucun mal à leur donner ne serait-ce qu'un aperçu de l'état modifié de sa fortune, dû, comme c'était en réalité le cas, à la gentillesse de Mme Pocklington de le présenter à Lord Mapledurham. Il serait certainement très agréable de prouver aux Pocklington, en particulier à Laura Pocklington, qu'ils avaient eu raison de se tenir à ses côtés et qu'il avait droit, non à la tolérance bon enfant accordée à l'honnêteté, mais à l'admiration due à succès.

En matière d'amour au moins, George Neston ne peut être présenté comme un héros idéal. Les héros réunissent les attributs discordants de la violence et de la constance : George n'avait montré ni l'un ni l'autre. Isabel Bourne avait satisfait à son jugement sans remuer son sang. Lorsqu'elle eut l'impression d'être assez mal avisée pour prendre parti contre lui, il démissionna sans un pincement au cœur, perspective qui était presque devenue une habitude. Facilement et insensiblement, la jolie image de Laura Pocklington avait rempli l'espace vacant. Alors qu'il se dirigeait vers chez Mme Pocklington, il sourit à l'idée qu'il y a un mois ou deux, il avait attendu avec impatience une vie passée avec Isabel Bourne avec acquiescement, mais pas, il est vrai, avec ravissement. Si le ravissement avait existé auparavant, il est triste de penser que peut-être le sourire aurait été plus large maintenant ; car l'amour, lorsqu'il est né dans l'inquiétude et nourri dans la joie, est souvent enterré sans lamentation et rappelé avec amusement – un amusement bienveillant, voire tendre, mais toujours un amusement. Une fantaisie facile à vivre comme celle de George pour Isabel ne peut même pas revendiquer l'hommage d'une larme derrière le sourire – une larme qui, par sa présence, provoque encore un autre sourire. George n'était même pas reconnaissant envers Isabel pour un rêve agréable et un réveil en douceur. Elle était partie; et qui plus est, elle n'aurait jamais dû venir : et ce fut fini.

George, après avoir enterré Isabel, sonna la cloche avec un esprit calme. Il pourrait demander à Laura Pocklington de l'épouser aujourd'hui, ou pas. Il se laisserait guider par les circonstances en la matière : mais en tout cas il le lui demanderait, et cela bientôt ; car elle était la seule fille avec laquelle il pourrait jamais être heureux, et s'il traînait, sa chance pourrait être perdue. Bien sûr, il y avait une foule de prétendants à ses pieds et, même si George n'avait pas une vision trop modeste de ses propres prétentions, il estimait qu'il lui incombait d'être debout et d'agir. Il est vrai que la foule des prétendants n'était pas très visible, mais qui pourrait douter de son existence sans remettre en question la santé mentale et la vue de l'humanité ?

Cependant, comme par hasard, George ne vit pas Laura. Il vit Mme Pocklington, et cette dame orienta immédiatement la conversation vers le sujet insistant de Neaera Witt. George ne pouvait s'empêcher de laisser échapper un indice de sa victoire prochaine.

"Pauvre femme!" dit Mme Pocklington. "Mais, pour votre bien, je suis très heureux."

"Oui, cela me sort d'une position délicate."

« Exactement ce que mon mari a dit. Il pensait que vous deviez absolument prouver ce que vous disiez, ou du moins lui donner une bonne excuse.

"Absolument lié?"

"Eh bien, je veux dire, si tu gardais ta place dans la société."

"Et chez toi ?"

« Oh, il n'est pas allé aussi loin. Tout le monde vient chez moi.

"Oui; mais, Mme Pocklington, je ne veux pas intervenir en qualité de « tout le monde ».

"Ensuite, je pense qu'il voulait dire que vous devez faire ce que je dis, avant de continuer à venir à un autre titre."

George regarda Mme Pocklington. Mme Pocklington sourit diplomatiquement.

« Est-ce que Miss Pocklington est sortie ? demanda Georges.

"Oui", a déclaré Mme Pocklington, "elle est sortie."

« Pas bientôt de retour ? » demanda George en souriant à son tour.

"Pas encore."

"Pas avant que--?"

"Eh bien, M. Neston, j'ose dire que vous voyez ce que je veux dire."

"Je pense que oui. Heureusement, il n'y a aucune difficulté. Devons-nous dire mardi ?

"Quand mardi viendra, nous verrons si nous disons mardi."

« Et sinon, je suis… ? »

« Sinon, mon cher George, vous n'avez personne à persuader sauf... »

"Ah, c'est la tâche la plus difficile de toutes."

«Je n'en sais rien. Seulement, j'espère que vous croyez ce que vous dites. Les jeunes hommes sont tellement vaniteux de nos jours.

« Quand Miss Pocklington entrera, vous lui direz à quel point je suis désolé de ne pas la voir ?

"Certainement."

"Et que j'attends avec impatience mardi ?"

"Non; Je n'en dirai rien. Vous n'êtes pas encore sorti du bois.

"Oh oui je suis."

Mais Mme Pocklington resta ferme ; et George partit, sentant que la dernière possibilité de miséricorde pour Neaera Witt avait disparu. Il y a une limite au désintéressement ; bien plus, quelle place y a-t-il pour la pitié lorsque le devoir public et l'intérêt privé s'unissent pour exiger une juste sévérité ?

CHAPITRE XIV.
LA DERNIÈRE CARTE DE NEAERA.

NEAERA WITT avait une dernière carte à jouer. Hélas, quel grand enjeu et quelle petite chance ! Elle y jouerait quand même. Si cela échouait, elle ne ferait que boire un peu plus d'humiliation et serait piétinée un peu plus avec mépris. Qu'importe ?

« Vous ne condamnerez pas une femme sans être entendue », a-t-elle écrit avec une touche de mélodrame. « Je vous attends ici dimanche soir à neuf heures. Vous ne pouvez pas être assez dur pour ne pas venir.

George avait écrit qu'il viendrait, mais que sa détermination était inébranlable. « Il faut que je vienne, comme vous me le demandez, dit-il ; "Mais c'est inutile, pire qu'inutile." Il viendrait quand même.

Bill Sykes aime être jugé dans un manteau noir, et Sal à queue traînée lisse ses mèches emmêlées avant d'entrer sur le quai. Qui peut douter, même si cela n'est pas enregistré, que les bourgeois de Calais, cruellement limités à leurs chemises, ont revêtu leur plus beau linge pour affronter le roi Édouard et sa reine, ou que les Inquisiteurs ont eu le privilège de voir maintes robes nées pour triompher sur un une étape différente ? C'est ainsi que Neaera Witt s'est parée pour rencontrer George Neston avec une subtile simplicité. Son propre goût mal châtié, nourri de gravures populaires, avait envie de velours noir, simplement fait de plis collants ; mais elle pensa que le motif serait trop évident pour un œil aussi *rusé* que celui de George, et abandonna à contrecœur sa photo d'une seconde reine d'Écosse. Le blanc serait mieux ; le blanc pouvait s'accrocher aussi bien que le noir, et mêlait tellement des suggestions de remords et d'innocence qu'il ne pouvait sûrement pas avoir le cœur assez dur pour faire la distinction. Un nœud de fleurs destinées à être arrachées par des mains agitées, tant d'émotions conventionnelles qu'elle ne pouvait se refuser, une robe décolletée et des manches ouvertes qui retombaient quand les bras blancs étaient tendus par pitié, tout cela. devrait lancer un assaut combiné contre la nature supérieure et inférieure de George. Neaera pensait que, si seulement on lui avait accordé le temps et l'argent pour s'habiller correctement, elle n'aurait peut-être jamais vu l'intérieur de la prison de Peckton ; car même les avocats sont humains, ou, si cela est contesté, disons qu'ils ne sont pas surhumains.

George entra avec toute la maladresse d'un Anglais qui déteste une scène et se sent idiot de sa maladresse. Neaera lui fit signe de s'asseoir et ils restèrent silencieux un moment.

« Vous m'avez fait venir, Mme Witt ?

"Oui", dit Neaera en regardant le feu. Puis, tournant brusquement les yeux vers lui, elle ajouta : « C'était seulement… pour vous remercier.

"Je crains que vous n'ayez pas assez de raisons de me remercier."

"Oui; votre gentillesse à Liverpool.

« Oh, cela semblait être la meilleure solution. J'espère que vous pardonnez la liberté que j'ai prise ?

"Et pour votre gentillesse antérieure."

"Je vraiment———"

"Oui oui. Quand ils m'ont donné l'argent que vous m'avez envoyé, j'ai pleuré. Je ne pouvais pas pleurer en prison, mais j'ai pleuré à ce moment-là. C'était la première fois que quelqu'un était gentil avec moi.

Georges était embarrassé. Il avait le sentiment inquiet que ce sentiment était banal ; mais bon nombre des choses les plus tristes sont les plus banales.

«C'est bien de votre part», dit-il, trébuchant dans ses mots, «de vous en souvenir, face à tout ce que j'ai fait contre vous.»

"Alors tu m'as plaint."

"Avec tout mon coeur."

« Comment ai-je fait ? Comment Didi? J'aurais aimé mourir de faim; et j'ai vu mon père mourir de faim le premier ! »

George se demandait si c'était de la nourriture dont feu M. Gale avait un besoin si urgent.

«Mais je l'ai fait. J'étais un voleur; et voleur un jour, voleur toujours. Et Neaera eut un sourire triste.

« Vous ne devez pas supposer, » dit-il, comme il l'avait fait une fois auparavant, « que je ne fais pas de concessions. »

« Des allocations ? » cria-t-elle en démarrant. « Des allocations, toujours des allocations ! jamais de pitié ! jamais de pitié ! jamais d'oubli !

"Vous n'avez pas demandé grâce", a déclaré George.

« Non, je ne l'ai pas fait. Je sais ce que tu veux dire : j'ai menti.

« Oui, vous avez menti, si vous choisissez ce mot. Vous avez déformé des documents et, quand la vérité a été dite, vous avez qualifié cela de calomnie.

Neaera s'était de nouveau affalée sur son siège. "Oui," gémit-elle. "Je ne pouvais pas tout laisser tomber, je ne pouvais pas!"

"Vous avez vous-même rendu la pitié impossible."

« Oh non, pas impossible ! Je l'aimais tellement, et il–il était si confiant.

— Raison de plus pour ne pas le tromper, dit George d'un ton sombre.

"Qu'est-ce que c'est, après tout ?" s'exclama-t-elle en changeant de ton. "Qu'est-ce qu'il y a, dis-je?"

"Eh bien, si vous me le demandez, Mme Witt, c'est un record gênant."

« Un disque gênant ! Oui, mais pour un homme amoureux ?

« C'est le guetteur de Gerald. Il peut faire ce qu'il veut.

« Quoi, après que tu m'as fait honte ouvertement ? Et pour quoi? Parce que j'aimais le plus mon père, et j'aimais le plus mon… l'homme qui m'aimait ! Georges secoua la tête.

« Si tu étais amoureux – amoureux, dis-je, d'une fille – oui, si tu étais amoureux de moi, est-ce que cette chose t'arrêterait ? Et elle se tenait devant lui avec fierté et mépris.

Georges la regarda. "Je ne pense pas que ce serait le cas", a-t-il déclaré.

— Alors, demanda-t-elle en avançant d'un pas et en étendant ses mains jointes, pourquoi demander plus pour un autre que pour soi ?

«Gérald sera le chef de famille, pour commencer…»

"La famille?"

"Certainement; la famille Neston.

"Qui sont-ils? Sont-ils célèbres ? Je n'en ai jamais entendu parler jusqu'à l'autre jour.

« Je n'ose pas le dire ; nous avons évolué dans des cercles assez différents.

« Avez-vous plaisir à être brutal ? »

– Je ne prends plaisir à rien de cette foutue affaire, dit George avec impatience.

"Alors pourquoi ne pas le laisser tomber ?"

Georges secoua la tête.

« Trop tard », dit-il.

«C'est du simple égoïsme. Vous ne pensez qu'à ce que les gens diront de vous.

"J'ai le droit de considérer cela."

"C'est méchant, méchant et sans cœur!"

Georges se leva. « Vraiment, cela ne sert à rien de continuer ainsi », dit-il. Et, s'inclinant légèrement, il se tourna vers la porte.

« Je ne le pensais pas, je ne le pensais pas », s'écria Neaera. «Mais je suis fou. Ah, ayez pitié de moi ! Et elle se jeta à terre, juste sur son chemin.

George se sentait très absurde. Il se tenait debout, son chapeau dans une main, son bâton et ses gants dans l'autre, tandis que Nééra serrait ses jambes au-dessous du genou et, il le craignait, était sur le point de mouiller ses bottes de ses larmes.

"C'est une tragédie, je suppose", pensa-t-il. "Comment diable vais-je pouvoir m'en sortir ?"

« Je n'ai jamais eu l'occasion, poursuivit Neaera, jamais. Ah, c'est dur ! Et quand enfin… » Sa voix s'étouffa et George, à sa grande horreur, l'entendit sangloter.

Il bougea nerveusement ses pieds, aussi bien que les griffes avides de Neaera le lui permettaient. Comme il aurait aimé ne pas venir !

"Je ne peux pas le supporter!" elle a pleuré. « Ils écriront tous sur moi et se moqueront de moi ; et Gérald me rejettera. Où dois-je me cacher ? – où dois-je me cacher ? Qu'est-ce que ça t'a fait ?

Puis elle se tut, mais George l'entendit pleurer étouffé. Son étreinte se détendit et elle tomba en avant, le visage contre le sol, devant lui. Il n'a pas saisi sa chance de s'échapper.

« Londres est inhabitable pour moi, si je fais ce que vous demandez », a-t-il déclaré.

Elle leva les yeux, les larmes s'échappant de ses yeux.

"Ah, et le monde à moi, si tu ne le fais pas!"

Georges s'assit dans un fauteuil ; il abandonna l'espoir de s'enfuir. Neaera se leva, repoussa ses cheveux de son visage et fixa sur lui un regard avide. Il baissa les yeux un instant, et elle jeta un rapide coup d'œil au miroir, puis concentra à nouveau son regard sur lui, un petit sourire anxieux venant à ses lèvres.

"Vous serez?" » demanda-t-elle à voix basse.

George jeta irritablement ses gants sur une table près de lui. Néaera s'avança et s'agenouilla près de lui, posant la main sur son épaule.

«Vous m'avez tellement fait pleurer», dit-elle. « Tu vois, mes yeux sont sombres. Tu ne me feras plus pleurer ?

George regarda les yeux brillants, à moitié voilés de larmes, et la bouche tremblante au bord de nouveaux pleurs. Et les yeux et la bouche étaient très bons.

«C'est Gérald», dit-elle; « Il est si strict. Et la honte, la honte !

"Tu ne sais pas ce que cela signifie pour moi."

« Effectivement : je sais que c'est dur. Mais tu es généreux. Non, non, ne détourne pas ton visage !

George restait toujours silencieux. Neaera lui prit la main.

"Ah, fais-le!" dit-elle.

George sourit — à lui-même, pas à Nééra.

"Eh bien, ne pleure plus," dit-il, "ou les yeux seront rouges et ternes."

« Vous le ferez, vous le ferez ? » murmura-t-elle avec impatience.

Il acquiesca.

« Ah, tu es bon ! Que Dieu te bénisse, George : tu es bon !

"Non. Je ne suis que faible.

Neaera se pencha rapidement et lui baisa la main. « La main qui me donne la vie », dit-elle.

"C'est absurde", dit George assez brutalement.

"Voulez-vous m'innocenter complètement?"

"Oh oui; tout ou rien,"

« Veux-tu me donner ce... ce personnage ?

"Oui."

Elle saisit sa main réticente et l'embrassa de nouveau.

"J'ai ta parole?"

"Tu as."

Elle se releva d'un bond, soudain radieuse.

« Ah, George, cousin George, comme je t'aime ! Où est-il?"

George sortit le document de sa poche.

Nééra s'en empara. "Allumez une bougie", cria-t-elle.

George, avec un sourire amusé, lui obéit.

« Tenez la bougie et je la brûlerai ! » Et elle regardait le journal consumé avec un air d'enfant joyeux. Puis elle tendit soudain les bras. "Oh, je suis fatigué!"

"Pauvre enfant!" dit Georges. "Vous pouvez me le laisser maintenant."

« Mais dois-je vous rembourser ? Je ne pourrai jamais. Puis elle aperçut soudain le chat, courut vers lui et le ramassa. « Nous sommes pardonnés, Bob ! nous sommes pardonnés ! cria-t-elle en dansant dans la pièce.

George la regardait avec amusement.

Elle posa le chat et vint vers lui. « Tu vois, tu m'as rendu heureux. Est-ce suffisant?"

«C'est quelque chose», dit-il.

"Et voici quelque chose de plus!" Et elle lui jeta les bras autour du cou et l'embrassa.

"C'est mieux", dit George. "Plus?"

"Pas avant que nous soyons cousins."

"Soyez doux dans votre triomphe."

"Non non; ne parle pas comme ça. Y allez-vous?"

"Oui. Je dois y aller et mettre les choses au clair.

"Au revoir. Je—j'espère que vous ne trouverez pas cela très difficile.

"J'ai été payé d'avance."

Neaera rougit un peu.

« Vous serez mieux payé, si jamais je le peux », dit-elle.

George s'arrêta dehors pour allumer une cigarette ; puis il entra dans le parc et marcha lentement, méditant tout en marchant. Lorsqu'il arriva à Hyde Park Corner, il sortit de sa rêverie.

"Maintenant, cette femme était très belle!" dit-il en hélant un fiacre.

CHAPITRE XV.
UNE LETTRE POUR M. GÉRALD.

MME POCKLINGTON était assise, le visage vide de stupéfaction et un exemplaire de la deuxième édition du *Bull'seye* à la main. Sur la page du milieu, en caractères largement espacés, sous un titre noble, figurait une lettre de George Neston, ainsi conçue :

« Au rédacteur en chef du *Bull's-eye* .

" MONSIEUR ,

« Comme vous avez eu la bonté de vous intéresser, et, je l'espère, la chance d'intéresser vos lecteurs, au sujet de certaines allégations que j'ai faites à l'égard d'une dame dont le nom a été cité dans vos colonnes, j'ai l'honneur de vous informer que de telles allégations étaient entièrement sans fondement, résultat d'une ressemblance fortuite entre cette dame et une autre personne, et de mes propres conclusions hâtives qui en ont été tirées. J'ai retiré toutes mes affirmations, entièrement et sans réserve, et j'en ai adressé mes excuses à ceux qui avaient droit à des excuses.

« J'ai l'honneur d'être, monsieur,
« votre obéissant serviteur,
« GEORGE NESTON ».

Et puis une chronique d'exultation, de satire, de ridicule, de prédication, de prière, de prophétie, de moralisation, et ainsi de suite. La plume volait avec des ailes de joie et l'encre n'était plus considérée ce jour-là.

Mme Pocklington était une femme au bon cœur ; pourtant, lorsqu'elle lisait la justification d'une sœur, elle ne trouvait rien de mieux à dire que :

"Comme c'est très provocant!"

Et il se pourrait que cette exclamation non régénérée résume assez bien le sentiment public, si seulement le sentiment public avait été assez indécent pour se manifester ouvertement. Un homme montré comme un imbécile est un spectacle tout à fait trop commun ; une femme à la mode a prouvé qu'un voleur aurait été un plat plus piquant. Mais dans ce monde – et probablement dans n'importe quel autre – nous devons prendre ce que nous pouvons obtenir ; et comme la société ne pouvait pas piétiner Neaera Witt, elle se consolait en corrigeant et en châtiant l'esprit égaré de George Neston. Tommy Myles secoua sa petite tête vide, et toutes les autres têtes vides secouèrent solennellement en rythme. Isabel Bourne a déclaré qu'elle savait qu'elle avait raison, et Sidmouth Vane pensait qu'il devait y avoir quelque chose derrière – il l'a toujours fait, comme il convient à un homme d'État à l'état brut. M. Espion faisait écho à ses propres dirigeants, comme un phonographe ; et le président de la Thémis remercia le Ciel de s'être libéré d'une tâche délicate.

Mais la colère et la fureur faisaient rage dans la poitrine de Laura Pocklington. Elle pensait que George s'était moqué d'elle. Il l'avait persuadée de se ranger à ses côtés, puis avait trahi les couleurs. Il y aurait de la joie à Gath et Askelon ; ou, en d'autres termes, Isabel Bourne et Maud Neston se réjouiraient d'elle de manière insupportable.

«Je ne le reverrai plus jamais et ne lui parlerai plus, maman», déclara Laura avec passion. « Il s'est comporté de manière abominable !

Cette annonce a plutôt coupé le souffle à Mme Pocklington. Elle s'apprêtait justement à s'abattre majestueusement sur sa fille avec un *ultimatum sévère* selon lequel, pour le moment, George devait être tenu à distance et les filles devaient être guidées par leurs mères. A certains moments, rien n'est plus ennuyeux que de se mettre d'accord, quand on veut extorquer la soumission.

"Bon Dieu, Laura!" dit Mme Pocklington, vous ne pouvez pas vous soucier beaucoup de cet homme.

« Prenez soin de lui ! Je le déteste !

"Ma chérie, ça n'y ressemblait guère."

"Tu dois m'accorder un peu de respect pour moi-même, maman."

M. Pocklington, entrant, entendit ces paroles. "Bonjour!" a-t-il dit. "Quel est le problème?"

"Eh bien, ma chère, Laura déclare qu'elle n'aura rien à dire à George Neston."

"Eh bien, c'est juste votre propre point de vue, n'est-ce pas ?" Un silence s'ensuivit. "Il me semble que vous êtes d'accord."

Cela y ressemblait vraiment ; mais ils étaient tout de même au bord d'une jolie querelle : et M. Pocklington était confirmé dans l'opinion qu'il avait récemment commencé à entretenir, selon laquelle, lorsqu'il s'agit de paradoxes du processus mental, il n'y a en réalité pas grand-chose à choisir entre épouses et filles.

Pendant ce temps, George Neston dévorait régulièrement et sans broncher son humble tarte. Il chercha et obtint le pardon de Gérald, après une demi-heure d'humiliation rampante. Il a écouté les graves réprimandes de Tommy Myles et les railleries cyniques de Sidmouth Vane sans un sourire ni une larme. Il s'est même résolu à accepter avec docilité une lettre pleine de sentiment chrétien qu'Isabel Bourne s'est incitée à écrire.

Toutes ces choses, en fait, l'affectaient peu en comparaison de la grande question de ses relations avec les Pocklington. Cela, sentit-il, devait être réglé immédiatement, et, avec son drap blanc toujours autour de lui et sa chandelle toujours à la main, il alla rendre visite à Mme Pocklington.

Il trouva cette dame dans une attitude de tranquillité agressive. Avec une ostentation soignée, elle s'est lavé les mains de toute cette affaire. Laissée à elle-même, elle aurait pu être encline à considérer que la stupide insouciance de George avait été expiée par sa virile rétractation – ou, d'un autre côté, elle pourrait ne pas le faire. Peu importait ce qui aurait été le cas ; et, si cela le réconfortait, il était libre de supposer qu'elle aurait embrassé la première opinion. La décision ne lui appartenait pas. Laissez-le demander à Laura et au père de Laura. Ils avaient pris leur décision, et il n'était pas de son ressort ni de son pouvoir d'essayer de les faire changer d'avis à leur place. En fait, Mme Pocklington a pris la position que M. Spenlow a rendue célèbre : elle avait seulement deux associés là où M. Spenlow n'en avait qu'un. Georges eut la fine idée que sa neutralité cachait une inclination favorable envers lui-même, et la remercia chaleureusement de ne pas se ranger parmi ses ennemis.

"Je suis même enhardi", dit-il, "de vous demander conseil sur la meilleure façon de surmonter l'opinion défavorable de Miss Pocklington."

"Laura pense que tu l'as fait passer pour une idiote. Vous voyez, elle a pris votre cause avec beaucoup de chaleur.

"Je sais. Elle était très généreuse.

"Tu étais tellement confiant."

"Oui; mais une petite chose à la fin m'a fait trébucher. Je n'aurais pas pu le prévoir. Mme Pocklington, pensez-vous qu'elle sera très têtue ?

« Oh, je n'ai rien à voir avec ça. Ne me demandez pas.

"J'aimerais pouvoir compter sur votre influence."

«Je n'ai aucune influence», a déclaré Mme Pocklington. "Elle est aussi obstinée que... aussi résolue que son père."

Georges se leva pour partir. Il était plutôt découragé ; le prix qu'il devait payer pour le luxe de la générosité lui paraissait très élevé.

Mme Pocklington fut émue de pitié. "George", dit-elle, "je me sens comme un traître, mais je vais te donner un petit conseil."

"Ah!" s'écria George, le visage s'éclairant. « Qu'y a-t-il, ma chère Mme Pocklington ?

« Quant à mon mari, je ne dis rien ; mais quant à Laura...

"Oui oui!"

"Laissez-la tranquille, absolument."

« Laissez-la tranquille ! Mais c'est y renoncer.

« N'appelez pas, n'écrivez pas, ne soyez pas connu pour parler d'elle. Là, j'ai fait ce que je ne devais pas faire ; mais tu es un vieil ami à moi, George.

"Mais je dis, Mme Pocklington, est-ce qu'un autre gars ne saisira-t-il pas l'occasion ?"

« Si c'est toi qu'elle préfère, qu'importe ? Si elle ne le fait pas... » Et Mme Pocklington haussa les épaules.

George était convaincu par cette logique. «Je vais essayer», dit-il.

"Essayer?"

"Oui, essaie de la laisser tranquille. Mais c'est difficile.

« Des trucs et des bêtises. Laura n'est pas indispensable.

"Je sais que ce ne sont pas vos véritables opinions."

« Tu n'es pas sa mère ; dont vous pouvez remercier le Ciel.

"Oui", dit George, et il prit congé, plutôt consolé. Il aurait été encore plus joyeux s'il avait su que la porte de Laura était entrouverte et que Laura guettait le claquement de la porte du couloir. Lorsqu'elle l'entendit, elle descendit vers sa mère.

"Qui était ta visiteuse, maman?"

"Oh, George Neston."

« Qu'est-ce *qu'il* est arrivé ? »

"Eh bien, ma chère, pour me voir, je suppose."

« Et qu'a-t-il trouvé à dire pour lui-même ?

« Oh, nous n'avons presque pas parlé de cette affaire. Cependant, il semble de très bonne humeur.

"Je suis sûr qu'il n'a rien à faire."

« Peut-être pas, ma chère ; mais il était."

«Je ne savais pas que c'était M. Neston. Je suis tellement content de ne pas être descendu.

Mme Pocklington a continué à tricoter.

"J'imagine qu'il savait pourquoi."

Mme Pocklington en compta trois perles et trois simples.

"Est-ce qu'il en a dit quelque chose, maman?"

"Un deux trois. À propos de quoi, chérie ?

"Pourquoi, à propos de… à propos de mon refus de venir ?"

"Non. Je suppose qu'il pensait que tu étais absent.

« Tu le lui as dit ? »

« Il n'a pas demandé, ma chère. Il a autre chose à penser que d'être attentif aux jeunes femmes.

— C'est une grande chance qu'il l'ait, dit Laura avec hauteur.

« Ma chérie, il vous laisse tranquille. Pourquoi ne peux-tu pas le laisser tranquille ?

Laura prit un livre et Mme Pocklington comptait ses points d'un ton vif et joyeux.

On verra que George avait une bonne amie en la personne de Mme Pocklington. En vérité, il avait besoin d'un visage bienveillant, car la société dans son ensemble était devenue folle à cause des louanges de Neaera et de Gerald. C'était la mode. Tout le monde essayait de leur parler ; tout le monde venait au mariage ; tout le monde a été ravi de la douce patience de Neaera et de la foi inébranlable de Gerald. Lorsque Neaera conduisait son amant dans le parc dans sa victoria, leur voyage était un progrès triomphal ; et seul le fardeau des préparatifs du mariage empêchait le couple d'être des invités d'honneur à chaque réunion sélective. Gerald marchait dans les airs. Ses espoirs ouverts se sont réalisés, ses craintes secrètes ont été apaisées ; tandis que les excuses exagérées de Neaera pour George ne trahissaient à ses yeux que l'extrême douceur de son caractère. Son innocence absolue expliquait et justifiait son absence totale de ressentiment et devait, selon Gerald, ajouter de nouvelles douleurs aux remords et à la honte de George. Ces douleurs, Gérald ne croyait pas qu'il était de son devoir de les atténuer.

Jeudi arrivait et lundi était le jour du mariage. L'atmosphère était remplie de nouveaux vêtements, de cartes d'invitation, de cadeaux et de félicitations. Une question épineuse s'était posée quant à savoir si George devait être invité. La décision de Neaera était en sa faveur, et Gérald lui-même avait rédigé la note, espérant pendant tout ce temps que le bon sens de son cousin l'éloignerait.

« Ce ne serait pas décent de sa part de venir », dit-il à son père.

« J'ose dire qu'il trouvera une excuse », répondit Lord Tottlebury. "Mais j'espère que vous ne continuerez pas la querelle."

« Continuez la querelle ! Par Jupiter, mon père, je suis trop heureux pour me disputer.

« Gérald, dit Maud Neston en entrant, voici une lettre si drôle pour vous ! Je me demande si cela a jamais été atteint.

Elle tendit une enveloppe sale et lut l'adresse...

« *M. Nesston, Esq.* ,
« *Sa Seigneurie Tottilberry* » ,
Londres. »

« Qui diable est-ce ? » demanda Maud en riant.

Gérald n'avait aucun secret.

«Je ne sais pas», dit-il. "Donnez-le-moi et nous verrons." Il ouvrit la lettre. La première chose qu'il trouva fut un morceau de papier de soie soigneusement plié. En l'ouvrant, il découvrit qu'il s'agissait d'un billet de dix livres. "Tiens! est-ce un cadeau de mariage ? dit-il en riant.

"£ 10! Comme c'est drôle!" s'exclama Maud. "N'y a-t-il pas de lettre?"

"Oui, voici une lettre!" Et Gérald l'a lu pour lui-même.

La lettre était rédigée comme suit, à l'exception de certaines excentricités d'orthographe qui n'ont pas besoin d'être reproduites :

" MONSIEUR ,

« Je ne sais pas vraiment si c'est ici votre argent ou celui de Nery. Je ne sais pas non plus *d'où ça vient* , après ce que tu as dit lorsque tu étais ici avec elle vendredi. Je peux travailler pour gagner ma vie, grâce à Celui à qui l'on doit grâce, et je ne mets pas d'argent dans ma poche car je ne sais pas de quelle poche il sort.

« Votre humble servante,
« SUSAN BORT ».

« Susan Bort ! » s'exclama Gérald. "Maintenant, qui diable est Susan Bort, et que diable veut-elle dire?"

« À moins que vous ne nous disiez ce qu'elle dit... » commença Lord Tottlebury.

Gérald relut la lettre, avec un sentiment de malaise croissant. Il remarqua que le cachet de la poste était celui de Liverpool. Par hasard, il n'était pas venu à Liverpool depuis plus d'un an. Et qui était Susan Bort ?

Il se leva et, s'excusant de ne pas avoir lu sa lettre, se rendit dans sa chambre pour réfléchir à la question.

« Nery ? » dit-il. « Et si je n'étais pas là, qui l'était ?

Il a été généreux de la part de George Neston de protéger Neaera à Liverpool. Il était également généreux de la part de Neaera d'envoyer dix livres à Mme Bort immédiatement après que cette dame l'ait traitée si cruellement. Il était honnête de la part de Mme Bort de refuser d'accepter de l'argent qu'elle pensait pouvoir provenir d'un cambriolage. C'est à ces actions louables que Gérald devait la communication qui troublait son bonheur.

"Je me demande si Neaera peut nous éclairer là-dessus", a déclaré Gerald. « C'est très bizarre. Après le déjeuner, j'irai la voir.

CHAPITRE XVI.
IL Y A UNE EXPLOSION.

M. BLODWELL recevait Lord Mapledurham lors d'un déjeuner au Themis Club. Le marquis n'était pas d'humeur agréable. Il était malade, et quand il était malade, il avait tendance à se fâcher. La calme satisfaction de son hôte face à l'issue de l'affaire Neston l'irritait.

« Vraiment, Blodwell, dit-il, je pense parfois que la perruque d'un avocat est comme les cheveux de Samson. Quand il l'enlève, il lui enlève toute sa raison. Votre simplicité est franchement enfantine.

M. Blodwell gargouillait de contentement devant une bassine de soupe.

« Je ne pense à aucun mal à moins d'être payé pour cela », dit-il en s'essuyant la bouche. "George a découvert qu'il avait tort et l'a dit."

«J'ai vu la jeune fille hier dans le parc», remarqua le marquis. "C'est une jolie fille."

"Singulièrement. Mais je ne sais pas qu'être jolie fait d'une fille une voleuse.

"Non, mais cela fait d'un homme un imbécile."

« Mon cher Mapledurham !

« Vous a-t-il déjà raconté ce qu'il avait découvert à Liverpool ?

« Est-il allé à Liverpool ?

"Est-il allé? Que Dieu bénisse cet homme ! Bien sûr, il est allé chercher...

Lord Mapledurham s'arrêta pour voir qui jetait une ombre sur son assiette.

"Puis-je vous rejoindre?" » a demandé Sidmouth Vane, qui pensait lui conférer un privilège. "Je suis intéressé par ce dont vous discutez."

« Oh, c'est toi, n'est-ce pas ? Avez-vous écouté ?

« Non, mais tout le monde en parle. Maintenant, je suis d'accord avec vous, Lord Mapledurham. C'est un travail de préparation.

"J'imagine que tu pensais que c'était un coup monté quand ils t'ont baptisé, n'est-ce pas ?" demanda le marquis.

« Et tu as cherché du poison dans ta bouteille ? ajouta Blodwell.

Vane agita doucement la main, comme pour disperser ces sarcasmes maladroits. « Un homme ne peut pas avoir soixante ans sans être un âne », observa-t-il avec langueur. "Serveur, du saumon et une pinte de 44."

« Et peut-être avoir soixante ans et pourtant être un âne, hein ? dit le marquis en riant.

« Entre nous, pourquoi pensez-vous qu'il l'a laissée partir ? demanda Vane.

Le marquis repoussa sa chaise. « Mon jeune ami, tu es trop sage. Quelque chose va vous arriver.

"Bonjour!" s'exclama Vane, "voici Gerald Neston."

Gerald s'approcha précipitamment de M. Blodwell. « Savez-vous où est George ? Il a demandé.

"Je crois qu'il est quelque part dans le club", répondit M. Blodwell.

« Non, il ne l'est pas. Je veux le voir pour affaires.

Lord Mapledurham se leva. «Je connais votre père, M. Neston», dit-il. "Vous devez me permettre de vous serrer la main et de vous féliciter pour votre prochain mariage."

Gérald reçut ses félicitations d'un air absent. «Je dois aller chercher George», dit-il, et il sortit.

"Là!" dit Vane triomphalement. "Tu ne vois pas qu'il se passe quelque chose maintenant?"

Les hommes plus âgés essayèrent de le snober, mais ils se regardèrent et reconnurent silencieusement qu'il semblait avoir raison.

La lettre de Mme Bort avait réveillé tous les doutes que Gérald Neston avait tenté d'étouffer et avait finalement réussi à faire taire. Il y avait un ton sombre et mystérieux dans le document qui éveilla ses soupçons. Soit il y avait un nouveau complot, plus sans scrupules, contre son épouse, soit… Gérald n'acheva pas le fil de ses pensées, mais il résolut de voir Nééra immédiatement, car George ne pouvait être retrouvé sans un voyage au Temple, et un voyage vers le Temple était deux fois plus long qu'un voyage vers Albert Mansions. Néanmoins, si Gérald avait su ce qui se passait au Temple, il y serait allé le premier ; car dans les appartements de George, à ce moment précis, George était assis sur sa chaise, regardant d'un air absent Neaera Witt, qui marchait de long en large avec agitation.

« Vous lui avez envoyé dix livres ? » Il haletait.

"Oui, oui", dit Neaera. "Je ne peux pas laisser cette créature mourir de faim."

"Mais pourquoi diable l'a-t-elle renvoyé à Gerald?"

« Oh, tu ne vois pas ? Eh bien, vous avez dit que vous étiez Gérald ; au moins, on en est arrivé là.

"Et elle avait l'intention de me l'envoyer?"

« Oui, mais je lui avais dit que mon M. Neston était le fils de Lord Tottlebury ; donc je suppose que la lettre est allée à Gerald. Il le faut, si vous ne l'avez pas.

"Mais pourquoi devrait-elle l'envoyer à l'un de nous ?"

"Oh, parce que j'ai dit que je l'avais envoyé avec l'approbation de M. Neston."

"Ce n'était pas vrai."

"Bien sûr que non. Mais ça sonnait mieux.

"Ah, c'est un travail dangereux."

"Je n'aurais jamais dû le faire si j'avais prévu cela."

George savait que cela représentait l'extrême réussite de Nééra en matière de pénitence, et n'insista pas sur la question.

"Quelle misérable est cette femme", continua Neaera. « Oh, que faut-il faire ? Gerald ne manquera pas de demander une explication.

"Tout à fait possible, je pense."

"Eh bien, je suis perdu."

"Tu ferais mieux de tout lui dire."

"Je ne peux pas; en effet, je ne peux pas. Vous ne le ferez pas, n'est-ce pas ? Oh, tu seras à mes côtés ?

« Je ne sais pas ce que Mme Bort a dit, et donc… »

Il fut interrompu par un coup frappé à la porte. George se leva et l'ouvrit. "Qu'est-ce qu'il y a, Timms ?"

"M. Gerald, monsieur, veut vous voir pour des affaires importantes.

"Est-il dans sa chambre?"

"Oui Monsieur. Je lui ai dit que tu étais fiancé.

"Vous ne lui avez pas dit que Mme Witt était là?"

"Non monsieur."

"Dites que je serai avec lui dans quelques minutes."

George ferma la porte et dit : « Gérald est là et veut me voir.

« Gérald ! Alors il a reçu la lettre !

« Que proposez-vous de faire, Mme Witt ?

« Comment puis-je le savoir ? Je ne sais pas ce qu'elle a dit. Elle m'a seulement dit qu'elle avait renvoyé l'argent et lui a expliqué pourquoi.

« Si elle lui disait pourquoi… »

« Je suis ruinée », dit Neaera en se tordant les mains.

George se tenait dos à la cheminée et la regardait d'un œil critique. Après un moment de pause, il dit avec un sourire :

"Je savais tout et tu n'étais pas ruiné."

"Ah, tu es si bon!"

"C'est absurde", dit George avec un sourire plus large.

Neaera le regarda et sourit aussi.

« Ne pourriez-vous pas prendre le risque ? Bien sûr, la vérité est dangereuse, mais il vous aime beaucoup.

"Tu ne veux pas m'aider?"

Un pas lourd et le bruit d'une poussée impatiente des meubles se firent entendre venant de la pièce voisine.

"Gerald en a assez d'attendre", a déclaré George.

"Tu ne feras rien ?" » demanda encore Neaera, réprimant à peine un sanglot.

« Supposons que j'étais prêt à mentir, où est un mensonge possible ? Comment puis-je l'expliquer ?

Timms frappa et entra. Gérald demanda une minute d'entretien pour des affaires urgentes.

"Dans un instant", dit George. Puis, se tournant vers Neaera, il ajouta brusquement : « Venez, vous devez décider, Mme Witt.

Nééra n'était plus en état de décider quoi que ce soit. Les larmes étaient son refuge facile dans les moments difficiles, et elle pleurait de manière pittoresque — car elle possédait ce don rare — dans le vieux fauteuil de cuir.

"Voulez-vous me le laisser?" demanda Georges. "Je ferai de mon mieux."

Neaera sanglotait en pensant que George était son seul ami.

«Je lui dirai tout», dit George. "M'autorisez-vous à faire ça?"

"Oh, comme je suis malheureux !... oh, oui, oui."

"Alors arrête de pleurer et essaye d'être belle."

"Pourquoi?"

"Parce que je vais le faire entrer."

"Oh!" s'écria Nééra consternée. Mais quand George sortait, elle lui rendait les cheveux un peu plus rêches - car si paradoxalement les dames s'efforcent de régler leur apparence - et oignait ses yeux avec le contenu d'une mystérieuse fiole sortie d'une poche obscure. Puis elle se redressa et tendit l'oreille pour capter le moindre bruit provenant de la pièce voisine, où son sort se décidait. Elle pouvait distinguer lequel des deux hommes parlait, mais pas les mots. D'abord Gérald, puis George, puis encore Gérald. Ensuite, pendant cinq minutes complètes, George parla à voix basse mais apparemment emphatique. Puis vint un cri soudain de Gerald.

"Ici!" il pleure. "Dans votre chambre!"

Ils s'étaient levés et circulaient. Le cœur de Neaera battait, même si elle restait immobile comme une statue. La porte s'ouvrit brusquement et elle se leva pour rencontrer Gérald, alors qu'il entrait précipitamment. George le suivit, avec un air mêlé de colère et de perplexité sur le visage. Gérald jeta un morceau de papier sur Neaera ; c'était la lettre de Mme Bort, et, comme elle tombait à ses pieds, elle se laissa tomber de nouveau sur sa chaise, avec un petit cri amer. Le pire était arrivé.

"Dieu merci pour une femme honnête!" s'écria Gérald.

"Gérald!" murmura-t-elle en lui tendant les mains.

"Ah, tu peux lui faire ça!" » répondit-il en désignant George.

«Je... je t'aimais», dit-elle.

« Il vous croira peut-être... ou vous aidera dans vos mensonges. J'en ai fini avec toi.

Il passa la main sur son front et continua. « J'étais facile à tromper, n'est-ce pas ? Seulement un peu de cajoleries et de caresses – seulement un baiser ou deux – et un mensonge ou deux ! J'ai tout cru. Et toi, ajouta-t-il en se tournant vers George, tu l'as épargnée, tu l'as eu pitié, tu t'es sacrifié. Un beau sacrifice !

George mit ses mains dans ses poches et haussa les épaules.

« Je ne devrais pas continuer avant Mme Witt », remarqua-t-il.

« Ne continue pas ! Non non. Elle est si pure, si innocente, n'est-ce pas ? Cela vaut-il la peine d'un sacrifice ?

« Que veux-tu dire, Gérald ? dit Nééra.

"Tu ne sais pas?" » demanda-t-il avec un ricanement. « Que demande un homme pour ce qu'il a fait ? et que donnera une femme ? Va donner? A donné?"

"Tiens ta langue!" dit George en posant une main sur son épaule.

Neaera restait immobile, regardant son amant les yeux ouverts : seul un petit frisson la parcourut.

"Vous m'avez gentiment trompé entre vous", a poursuivi Gerald, "moi et tout le monde. Il n'y a pas de vérité dans tout cela ! Une erreur ! — toute une erreur ! Il l'a découvert… c'est son erreur ! Sa voix s'élevait presque jusqu'à un cri et se terminait par un rire amer.

"Vous n'avez pas besoin d'être une brute", dit froidement George.

Gérald le regarda, puis Neaera, et poussa un autre rire narquois. George était maintenant près de lui, semblant observer chaque mouvement de ses lèvres. Nééra se leva de sa chaise et se jeta aux pieds de l'homme en colère.

« Ah, Gérald, mon amour, aie pitié ! elle a pleuré.

"Pitié!" » répéta-t-il en reculant, de sorte qu'elle tomba face contre terre devant lui. "Pitié! Je pourrais avoir pitié d'un voleur, je pourrais avoir pitié d'un menteur, je n'ai aucune pitié pour un… »

La phrase resta inachevée, car, d'un mouvement brusque, George se rapprocha de lui et le jeta par la porte ouverte hors de la pièce.

« Terminez votre canaille dehors ! » dit-il en fermant la porte et en tournant la clé.

CHAPITRE XVII.
LAURA DIFFÈRE.

IRA brevis fureur , dit le moraliste ; et l'adjectif est la seule partie de la scie qui soit susceptible d'exception. La colère de Gerald Neston brûlait férocement, mais elle brûlait aussi régulièrement, et la réflexion n'apportait rien d'autre qu'une conviction plus forte de ses torts. Pour George, l'interprétation que son cousin donnait de son action visant à protéger Nééra semblait faire valoir ce degré rare d'erreur de tête qui se distingue à peine de l'immoralité. Pourtant, au plus profond du cœur de George se cachait le savoir que Mme Witt, simple, vieille, peu attrayante, aurait pu récolter peu de pitié de sa part ; et Gérald, s'il ne croyait pas à tout ce qu'il avait brutalement laissé entendre, y croyait suffisamment pour lui faire considérer George comme un traître et Nééra comme une intrigante. Quel homme sensé aurait pu agir comme George, sans être fasciné par une femme ? La jalousie fit le reste, car Nééra elle-même avait sapé la force de la confiance de son amant en elle, et il ne doutait pas que celle qui l'avait trompé en tout le reste n'avait pas hésité à pratiquer sur lui la dernière tromperie. Elle et George étaient complices. Faut-il demander comment ils sont devenus ainsi, ou quels étaient les termes de l'alliance ?

Il n'était guère étonnant que cette théorie, aussi étrange qu'elle paraisse, trouve sa place dans l'esprit désordonné de Gérald, ou que, ce faisant, elle se déverse en paroles intempérantes et en ricanements imprudents. Il est cependant plus remarquable que l'opinion ait gagné une certaine faveur générale. Cela plaisait aux cyniques, car cela expliquait ce qui semblait être une action généreuse ; cela plaisait aux commérages, car il introduisait dans l'affaire Neston le sujet le plus agréable aux commérages ; cela plaisait à « l'unco guid », car cela soulignait la morale de l'ubiquité du péché ; cela plaisait aux hommes en tant que sexe, parce qu'il rendait la conduite de George naturelle et explicable ; cela plaisait aux femmes en tant que sexe, parce qu'il ratifiait l'opinion qu'elles avaient toujours eue des belles veuves mystérieuses en général, et de Neaera Witt en particulier. Et au milieu de ce chœur, la voix des charitables, admettant l'indiscrétion, mais affirmant la générosité, se perdit et s'éteignit, et la petite bande d'amis et de croyants de George fut qualifiée de partisans aveugles et, par conséquent, de presque complices.

Heureusement pour George, parmi ses amis se trouvaient des hommes qui se souciaient peu de la réprobation publique. M. Blodwell faisait son travail, dînait, disait ce qu'il pensait, et estimait beaucoup l'opinion de la société à la valeur que le duc de Wellington accordait aux vues de la nation française. Quant à Lord Mapledurham et Sidmouth Vane, l'impopularité était le souffle de leurs narines ; et Vane n'a pas hésité à acheter le plaisir d'être en minorité par un sacrifice de cohérence ; il abandonna la théorie qu'il avait été parmi les premiers à suggérer, dès que la suggestion passa par l'acceptation générale dans la vulgarité.

Les trois hommes donnèrent à dîner à George Neston, burent à la santé de Neaera et s'autorisèrent une attitude de protestation presque méprisante contre le verdict de la société - verdict exprimé avec force par la *Bull's Eye* , lorsqu'elle déclara avec une chaleur non anormale qu'elle en avait assez. de cette « sordide affaire ». Mais alors la *cible* n'avait guère montré sa perspicacité habituelle, et M. Espion déclara qu'il n'avait pas été traité de manière respectueuse. Il n'y avait pas moyen de traverser le fait ; Le parti de George s'est contenté de nier cette obligation.

L'humanité est ainsi construite que l'approbation de l'homme ne satisfait pas l'homme, ni celle de la femme. Si tous les clubs avaient retenti de ses louanges, George Neston aurait quand même jeté son premier et plus vif regard sur celui de Mme Pocklington. Dans l'état actuel des choses, il ne pensait à rien d'autre qu'à la manière dont sa conduite lui permettrait de remporter la victoire. Hélas! il ne l'a su que trop tôt. Deux fois il appela : deux fois l'entrée lui fut refusée. Puis vint une note de Mme Pocklington, une note sans réponse ; car la dame n'affirmait rien et ne niait rien ; elle s'est retranchée derrière l'opinion commune. Comme George le savait, elle était une personne assez indépendante en ce qui concerne sa propre renommée : mais quand sa fille s'intéressait, c'était autre chose ; Le prétendant de Laura ne doit pas être sous un nuage ; L'avenir de Laura ne doit pas être compromis ; Les affections de Laura ne doivent reposer que là où une sécurité absolue peut être garantie. M. Pocklington était entièrement d'accord avec son épouse. Il devait donc y avoir une fin à tout – en ce qui concerne la maison Pocklington, la fin de George Neston. Et le pauvre Georges lut le décret et gémit dans son cœur. Néanmoins, d'étranges événements se produisaient derrière cette porte, si fermement, si impénétrablement fermée aux pieds impatients de George – événements inconcevables pour Mme Pocklington, même s'ils se produisaient réellement ; pour son mari, alarmante, répréhensible, extraordinaire, déroutante, amusante, presque, en quelque sorte, délicieuse. Finalement, Laura s'est révoltée. Et c'est dans ce sens que la déclaration d'indépendance a été promulguée.

Mme Pocklington avait raconté à sa fille, avec toute la délicatesse requise et imaginable, la nouvelle phase de l'affaire. Cela la choquait et l'affligeait de faire allusion à de telles choses ; mais Laura était une femme maintenant, et elle devait le savoir – et ainsi de suite. Et Laura entendit tout cela sans choc apparent, voire avec un calme proche de la légèreté ; et quand on lui dit que toutes communications entre elle et George devaient cesser, elle secoua sa jolie tête et se retira dans sa chambre, sans accepter ni protester contre cette décision.

Le lendemain matin, après le petit-déjeuner, elle apparut, équipée pour la promenade, tenant une lettre à la main. Mme Pocklington avait ordonné sa maison et s'était maintenant assise pour une heure confortable avec un roman avant le déjeuner. *Dis aliter visum.*

«Je sors, maman», commença Laura, «pour poster cette note à M. Neston.»

Mme Pocklington ne s'est jamais trompée dans l'étiquette des noms et a supposé la même exactitude chez les autres. Elle imaginait que sa fille faisait référence à Gerald. « Pourquoi as-tu besoin de lui écrire ? » demanda-t-elle en levant les yeux. "Ce n'est rien de plus qu'une connaissance."

"Maman! C'est un ami intime.

« Gérald Neston, un ami intime ! Pourquoi--"

«Je veux dire M. George Neston», dit Laura d'une voix calme, mais en rougissant légèrement.

"George!" s'exclama Mme Pocklington. « Pourquoi diable veux-tu écrire à George Neston ? J'ai dit tout ce qui était nécessaire.

"J'ai pensé que je devrais aussi dire quelque chose."

« Ma chérie, certainement pas. Si vous aviez été… si quelque chose avait été réellement arrangé, peut-être qu'une ligne de votre part aurait été juste ; même si, vu les circonstances, j'en doute. Dans l'état actuel des choses, si vous lui écriviez, ce serait simplement lui donner une chance de renouer avec la connaissance.

Laura ne s'assit pas, mais resta près de la porte, poussant le tapis de la pointe de son ombrelle. "La connaissance est-elle fermée?" » demanda-t-elle après une pause.

« Vous vous souvenez sûrement de ce que j'ai dit hier ? J'espère qu'il n'est pas nécessaire de le répéter.

« Oh non, maman ; Je m'en souviens." Laura fit une pause, donna un autre coup de pouce au tapis et poursuivit : « J'écris juste pour dire que je n'en crois pas un mot.

« Jack's Darling » tomba des mains paralysées de Mme Pocklington.

« Laura, comment oses-tu ? Il vous suffit que j'aie décidé de ce qu'il faut faire.

"Tu vois, maman, quand tout le monde se retourne contre lui, je veux lui montrer qu'il a au moins un ami qui ne croit pas à ces histoires haineuses."

« Je me demande si vous n'avez pas plus de respect pour vous-même. Compte tenu de ce qu'on dit de lui et de Neaera Witt… »

"Oh, dérangez Mme Witt!" » dit Laura en souriant réellement. « Vraiment, maman, c'est une absurdité ; il s'en fiche de Neaera Witt ! Et elle essaya de claquer des doigts ; mais, heureusement pour les nerfs de Mme Pocklington, la tentative fut un échec.

«Je ne discuterai pas avec toi, Laura. Vous m'obéirez, et ce sera fini.

«Tu m'as dit que j'étais une femme hier. Si c'est le cas, je devrais être autorisé à juger par moi-même. Quoi qu'il en soit, vous devriez entendre ce que j'ai à dire.

"Donnez-moi cette lettre, Laura."

« Je suis vraiment désolé, maman ; mais--"

"Donne le moi."

"Très bien; Il faudra que j'en écrive un autre.

"Voulez-vous me défier, Laura?"

Laura ne répondit rien.

Mme Pocklington ouvrit et lut la lettre.

« CHER M. NESTON », (c'était écrit) :

« Je veux que vous sachiez que je ne crois pas un seul mot de ce qu'ils disent. Je suis vraiment désolé pour la pauvre Mme Witt, et je pense que vous avez agi *à merveille* . N'est-ce pas un temps charmant ? Rouler dans le parc le matin est un délice positif.

"Très cordialement,

« Très sincèrement,
« LAURA F. POCKLINGTON ».

Mme Pocklington haleta. La note n'était guère meilleure qu'une mission ! «Je vais montrer ceci à votre père», dit-elle avant de sortir de la pièce.

Laura s'est assise et a rédigé une copie exacte du document incriminé, l'a adressé, l'a tamponné et l'a mis dans sa poche. Puis, avec un calme ostentatoire, elle a repris « Jack's Darling » et a semblé s'y plonger.

Mme Pocklington avait du mal à faire comprendre la situation à son mari ; en fait, elle-même n'y était guère parvenue. De nos jours, tout le monde parle d'hérédité : les Pocklington, tous deux gens de volonté résolue, ont eu l'occasion d'en étudier le fonctionnement chez leur propre fille. Il en résulta une colère féroce chez Mme Pocklington, un mélange de colère et d'admiration chez son mari, et une perplexité chez tous deux. La position de Laura était simple et bien définie. Par la contrainte et l'emprisonnement, elle admettait qu'on pouvait l'empêcher d'envoyer sa lettre et de recevoir une réponse, mais par aucun autre moyen. Aux appels au devoir répondaient des appels à la justice ; elle parait les supplications par les contre-suppliques, les reproches par des protestations de respect, les ordres par le silence. Que fallait-il faire ? Laura était trop vieille, et le monde était trop vieux, pour des remèdes violents. Intercepter la correspondance signifiait être exposé au foyer. La révolte était épouvantable, absurde, contre nature ; mais c'était aussi, comme l'a admis M. Pocklington, « incroyablement gênant ». Laura s'est rendu compte que sa maladresse était sa force et, après avoir en vain demandé une véritable retenue physique, en son absence, elle est sortie et a posté sa lettre.

Puis Mme Pocklington a agi. Au lendemain, elle démonta son établissement pour la saison et emmena sa fille avec elle. Elle n'a donné aucune adresse sauf celle de son mari. Laura n'avait pas le droit de savoir où elle était emmenée. Elle a été, comme elle le dit amèrement, « emportée » par le courrier continental et toutes les communications ont été coupées. Seulement, au moment où le coupé démarrait, alors que la dernière caisse était allumée et que M. Pocklington, après avoir prononcé son dernier mot d'exhortation, lui faisait signe au revoir du haut des marches, Laura sauta, traversa la route et laissa tomber un mot. dans une boîte à piliers.

«C'est seulement», remarqua-t-elle en revenant à sa place, «pour dire à M. Neston que je ne peux lui donner aucune adresse pour le moment.»

Que feriez-vous avec une fille comme celle-là, demanda Mme Pocklington à son esprit troublé ?

CHAPITRE XVIII.
George va presque à Brighton.

UN SOIR, ENVIRON UNE SEMAINE APRÈS CE QUE M. ESPION APPELAIT L'*esclandre* finale , Tommy Myles fit son apparition dans le fumoir du Thémis. Des questions plus importantes ont évincé le dossier du mariage et de la heureuse lune de miel de Tommy, et il est revenu pour découvrir qu'un monde négligent avait à peine remarqué son absence.

"Comment vas-tu?" dit-il à Sidmouth Vane.

"Comment vas-tu?" » dit Vane, levant un instant les yeux de *Punch* .

Tommy s'est assis à côté de lui. « Je dis, remarqua-t-il, que cette affaire de Neston est plutôt intéressante. Nous en avons entendu parler en Suisse.»

"Été loin?"

"Bien sûr que oui, après mon mariage, tu sais."

« Ah ! Vous avez vu *Punch* ? Et Vane le lui tendit.

« J'avais une idée assez astucieuse de la configuration du terrain. Bella aussi.

"Bella?"

"Eh bien, ma femme."

« Oh, mille pardons. Je pensais que vous souteniez plutôt Mme Witt.

«Mon cher, nous voulions qu'elle fasse preuve de fair-play. Je suppose qu'il n'est plus question de mariage maintenant ?

"Je suppose que non."

"Que va faire la belle Mme Witt?"

Vane voulait qu'on le laisse tranquille et Tommy l'inquiétait. Il s'en est pris au petit monsieur avec une certaine férocité. "Mon cher Tommy," dit-il, "vous l'avez soutenue contre vents et marées, et vous avez fait honte à George pour l'avoir attaquée."

"Oui mais--"

"Eh bien, celui qui avait raison, tu n'avais pas raison, alors ne ferais-tu pas mieux de n'en pas dire plus ?" Et M. Vane se leva et s'éloigna.

En fait, il était réfléchi. Que ferait Mme Witt ensuite ? Et que ferait George Neston ? Vane connaissait des cas où l'accusation suggérait le crime ; il ne semblait pas improbable que si George devait supporter le mépris attaché à une relation avec Mme Witt, il pourrait penser qu'il valait mieux en récolter les bénéfices. Il n'avait peut-être pas encore cherché à gagner ses faveurs, mais il était très possible qu'il le fasse maintenant. S'il ne le faisait pas, eh bien, quelqu'un le ferait. Et M. Vane considérait que cela valait peut-être la peine d'être l'homme. Ses grands parents criaient d'horreur ; la société serait choquée. Mais un homme supportera quelque chose pour une jolie femme et cinq mille dollars par an. Seulement, que voulait faire George Neston ?

On verra que Sidmouth Vane ne partageait pas la conviction de Laura Pocklington selon laquelle George ne se souciait pas de Mme Witt. Bien sûr, il n'avait pas les raisons de Laura : et peut-être faut-il tenir compte d'une certaine différence entre les manières masculines et féminines de voir de telles choses. Cependant, Vane avait raison – pendant un instant. Après que George eut été repoussé une seconde fois des portes de Mme Pocklington, trouvant le soutien de ses amis insatisfaisant et aspirant à l'approbation plus passionnée que donnent les femmes, il se rendit le lendemain chez Neaera et s'immisça dans la retraite chargée de chagrin pour que cette dame lésée s'était prise elle-même. Et le chagrin et la gratitude de Neaera, son chagrin et sa sympathie, son amitié et sa fureur, étaient tous pareils et également délicieux pour lui.

« Quelle méchanceté ! elle a pleuré avec des yeux brillants. "Oh, je préférerais mourir plutôt que d'avoir une âme mesquine comme celle-là !"

Gérald était, bien entendu, le sujet de ces critiques, et George se contentait de ne pas les contredire.

« De toute évidence, poursuivit Neaera, il ne peut tout simplement pas comprendre votre générosité. Cela le dépasse !

« Vous ne devez pas estimer trop haut ce que vous appelez ma générosité », dit George. "Mais qu'allez-vous faire, Mme Witt?"

Neaera étendit les mains avec un geste de désespoir.

"Que dois-je faire? Je suis… désolé.

"Moi aussi. Nous devons nous consoler les uns les autres."

Ce discours était indiscret. George le reconnut lorsque le regard de Neaera lui parvint en réponse.

« Cela les fera parler encore plus mal que jamais », dit-elle en souriant. "Vous ne devriez plus jamais me parler, M. Neston."

"Oh, nous sommes damnés au-delà de la rédemption, alors autant en profiter."

"Non, il ne faut pas choquer davantage tes amis."

«Je n'ai plus d'amis à choquer», répondit amèrement George.

Neaera le supplia de ne pas dire cela, évoquant les noms de ceux qu'on pouvait supposer rester fidèles. George secouait la tête à chaque nom : lorsque les Pocklington étaient mentionnés, sa secousse était grande et avait une signification sombre.

"Eh bien, eh bien," dit-elle avec un soupir, "et maintenant, qu'est-ce que tu vas faire ?"

"Non, rien. Je pense que certains d'entre nous vont courir jusqu'à Brighton. J'y vais, juste pour sortir de là.

"Est-ce que Brighton est sympa maintenant?"

« Mieux que Londres, en tout cas. »

"Oui. M. Neston… ?

« Oui, Mme Witt ? Pourquoi ne viens-tu pas aussi.

« De toute façon, vous seriez – vous et vos amis – quelqu'un à qui parler, n'est-ce pas ? » dit Neaera en posant son menton sur sa main et en regardant George.

« Oh oui, tu dois venir. Nous serons très joyeux.

"Pauvres de nous! Mais peut-être que cela nous consolera de mélanger nos larmes.

"Viendras-tu?" demanda Georges.

«Je ne vous le dirai pas», dit-elle en riant. "Cela doit être purement accidentel."

« Un concours fortuit ? Très bien. Nous partons demain.

"Je ne veux pas savoir quand tu pars."

"Non. Mais nous le faisons.

Neaera rit de nouveau et George prit congé, plus satisfait du monde qu'à son arrivée. Une visite à une jolie femme produit souvent cet effet ; parfois, ajoutons-le, pour compléter notre banal, c'est tout le contraire.

"Pourquoi pas?" se dit-il. «Je ne sais pas pourquoi je devrais être blâmé pour rien. S'ils pensent cela de moi, autant le faire.

Mais lorsque George arriva chez lui, il trouva sur la table, à côté de la dernière lettre de M. Blodwell concernant le voyage à Brighton, la note de Laura Pocklington. Et puis… c'en fut fini de Brighton, de Neaera Witt, et du défi imprudent de l'opinion publique, et tout le reste ! Et Georges se jurait d'être une personne sans cœur, méfiante, sans valeur, qui ne méritait absolument pas de recevoir une telle lettre d'une telle dame. Et quand la deuxième lettre arriva le lendemain matin, il jura de nouveau, contre lui-même pour son abandon médité, et par tous ses dieux, qu'il serait digne d'une telle faveur.

« L'enfant est un atout, dit-il, un véritable atout ! Et elle ne sera pas inquiète en apprenant que je traîne dans le quartier de Mme Witt.

Les réflexions heureuses qui s'ensuivirent étaient appropriées, mais éculées, étant en fait celles d'un homme très amoureux. Il convient cependant de noter que le refus de Laura de penser au mal eut sa récompense : car si elle avait soupçonné George, elle ne lui aurait jamais montré son cœur dans ces lettres ; et, sans ces lettres, il aurait pu aller à Brighton, et… ; alors que ce qui s'est passé était quelque chose de tout à fait différent.

CHAPITRE XIX.
QUELQU'UN À QUI PARLER.

ÊTRE un personnage public, bien qu'un objet d'ambition pour beaucoup, a ses inconvénients. La célébrité est très agréable, mais nous ne voulons pas que tout le monde à l'hôtel nous montre du doigt lorsque nous descendons dîner. Lorsque Neaera se rendit à Brighton (car il est sûrement inutile de dire qu'elle avait l'intention d'y aller et qu'elle y est allée), elle sentit que la renommée qui lui avait été imposée l'empêchait d'accéder aux hôtels, et elle prit un logement d'un type très respectable, face à la mer. Là, elle a attendu deux jours, passant son temps à marcher et à conduire là où tout le monde marche et conduit. Il n'y avait aucun signe de George et Neaera se sentit lésée. Elle lui a envoyé un coup de fil et a attendu encore deux jours. Elle a alors senti qu'elle était traitée aussi mal que possible – avec méchanceté, négligence, infidélité, manque de respect. Il lui avait demandé de venir ; l'invitation était aussi simple que possible : sans un mot, elle était renversée ! Très indignée, elle dit à sa servante de faire ses bagages et, pendant ce temps, sortit pour voir si les vagues accompliraient leur devoir traditionnel d'apaiser un esprit blessé. La tâche était difficile ; car, quelles que soient les souffrances de Neaera Witt, la négligence de la part de l'homme était un chagrin que la fortune lui avait jusqu'ici épargné.

Elle a abandonné le défilé bondé et s'est promenée au bord de l'eau. Bientôt, elle s'assit à l'ombre d'un bateau et observa les eaux et l'avenir. Elle se sentait très seule. George avait semblé enclin à être agréable, mais maintenant il l'avait abandonnée. Elle n'avait personne à qui parler. A quoi bon être belle et riche ? Tout était très dur et elle n'avait fait aucun mal réel, et c'était une fille très, très malheureuse, et... Sous l'ombre du bateau, Neaera pleurait un peu, choisissant le moment où il n'y avait pas de passants.

Mais celui qui arrivait par derrière échappa à sa vigilance. Il vit l'éclat des cheveux dorés, la silhouette élancée et la petite tête bien faite inclinée en avant pour rencontrer les mains gantées ; et il descendit la plage et, se tenant un moment derrière elle, entendit un petit gargouillis de détresse.

«Je vous demande pardon», dit-il. "Puis-je aider?"

Neaera leva les yeux en sursaut. La silhouette droite, résistant courageusement au poids croissant des années, les cheveux gris fer, le nez crochu et les yeux agréables et perçants lui semblaient familiers. Elle l'avait sûrement vu en ville !

"Eh bien, c'est Mme Witt!" il a dit. "Nous sommes des connaissances, ou nous devrions l'être." Et il tendit la main, ajoutant avec un sourire : « Je suis Lord Mapledurham. »

"Oh!" dit Nééra.

«Oui», dit le marquis. «Maintenant, je sais tout, et c'est vraiment dommage. Et en plus, tout est de ma faute.

"Ta faute?" dit-elle surprise.

«Cependant, j'ai averti George Neston de laisser tomber ça. Mais c'est un homme impétueux.

"Je ne lui ai jamais pensé ça."

« Mais il l'est. Eh bien, regarde ça. Il demande à Blodwell, à Vane et à moi — du moins, il ne me l'a pas demandé, mais Blodwell l'a fait — d'organiser une fête ici. Nous sommes d'accord. L'instant d'après — hé, hop ! il prend une tangente ! »

Neaera n'arrivait pas à décider si Lord Mapledurham donnait cette explication simplement pour justifier sa propre présence ou aussi pour obtenir des informations.

– Le fait est, voyez-vous, reprit le marquis, que ses affaires sont assez gênantes. Il n'a plus la faveur des autorités, vous savez. Pocklington.

"Est-ce que Mme Pocklington le dérange?"

« Il se soucie de Miss Pocklington, et je soupçonne… »

"Oui?"

« Qu'elle se soucie de lui. J'ai rencontré Pocklington au club hier et il m'a dit que ses hommes étaient partis à l'étranger. J'ai dit que c'était plutôt soudain, mais Pocklington est devenu très bourru et a répondu : « Pas du tout ». Bien sûr, ce n'était pas vrai.

"Oh, j'espère qu'elle sera gentille avec lui", dit Neaera. "Fantastique, si j'étais la cause..."

« Comme je l'ai dit au début, interrompit le marquis, j'en suis la cause.

"Toi!"

Puis il s'installa à côté d'elle et lui raconta comment ses souvenirs avaient été la première chose qui avait mis George sur la voie de la découverte, d'où tous les ennuis étaient venus.

« Alors, voyez-vous, conclut-il, vous devez imputer tous vos malheurs à mon bavardage.

"Comme c'est étrange!" dit-elle rêveusement en regardant la mer.

Le Marquis hocha la tête, ses yeux scrutant son visage.

Puis elle se tourna vers lui tout à coup et lui dit : « J'étais très jeune, vous savez, et… plutôt affamée.

«Je suis moi-même un pécheur», répondit-il en souriant.

« Et… et ce que j'ai fait après, je… »

« Je suis venu pour faire mes aveux, pas pour entendre les vôtres. Comment vais-je expier tout ce que je t'ai causé ? Qu'est-ce que je devrais faire maintenant?"

« Je… je veux seulement quelques amis, et… et quelqu'un à qui parler », dit Neaera avec un petit soupir désespéré.

Le marquis lui prit la main et la baisa galamment. « Si c'est tout, dit-il en souriant, peut-être pourrons-nous y arriver.

"Merci", dit Neaera en mettant son mouchoir dans sa poche.

"C'est exact! Blodwell et Vane sont là aussi, et… »

« Je ne me soucie pas beaucoup d'eux ; mais--"

"Oh, ils sont tous de ton côté."

"Sont-ils? Je n'ai pas besoin d'en voir plus que je ne le souhaite, n'est-ce pas ?

Le marquis n'était ni jeune, ni inexpérimenté ; mais, tout de même, il n'était pas à l'abri de cette flatterie. « Peut-être qu'ils ne resteront pas longtemps », dit-il.

"Et toi?" elle a demandé.

Il lui sourit et, après un moment de sérieux innocent, ses lèvres s'étirèrent en un sourire en réponse.

Le marquis, après avoir pris le thé avec Neaera et s'être assuré que la dame n'avait pas l'intention de s'enfuir immédiatement, retourna à son hôtel d'un air pensif. Il eut un petit triomphe sur M. Blodwell et Sidmouth Vane au dîner ; mais cela ne le satisfit pas. Pour presque la première fois de sa vie, il ressentait le besoin d'un conseiller et d'un confident : il avait peur de se ridiculiser. M. Blodwell se retira après le dîner pour s'occuper de quelques papiers qui le poursuivaient, et le marquis s'assit en fumant un cigare sur un siège avec Vane, luttant contre l'envie de confier ses pensées à ce jeune homme. Vane était placidement heureux : les relations lointaines et hypothétiques entre lui et Neaera, semblables à celles que son cerveau oisif et occupé construisait autour de chaque jolie femme à marier qu'il rencontrait, n'avaient aucun pouvoir pour perturber ni son âme ni sa digestion. S'il en était ainsi, ce serait bien ; mais il était conscient que l'objet ne lui arracherait aucun effort très actif.

"Mme. Witt s'attendait à trouver George ici, je suppose ? » demanda-t-il en chassant les cendres de son cigare.

"Oui, je pense que oui."

"Y a-t-il quelque chose là-bas?"

— Rien du tout, mon cher, répondit le marquis avec plus de confiance qu'il n'en eût montré douze heures auparavant. "Elle sait qu'il est fou de la petite Laura Pocklington."

« Je lui rendrai visite demain », dit Vane avec son air habituel de condescendance gracieuse.

« Elle vit très tranquillement », remarqua le marquis.

Vane se tourna vers lui avec un sourire et presque un clin d'œil. "Oh!" il a dit.

"Soyez respectueux envers vos aînés, jeune chien", dit le marquis.

« Vous nous faites oublier vos prétentions à cet égard. Vous devez être plus vénérable », répondit Vane.

Après un moment de silence, "Pourquoi ne te maries-tu pas ?" demanda le marquis. C'est une question qui signifie souvent que les propres pensées de celui qui la pose vont dans cette direction.

"J'attends cette héritière." Puis il ajouta, peut-être par bonté : « Si l'on en arrive là, pourquoi pas vous ?

"Je n'ai pas peur que les gens me désignent comme un vieil imbécile."

« Oh, pendez les gens ! En plus, tu n'es pas vieux.

"Cinquante six."

"Ce n'est rien de nos jours."

« Vous riez ! » » dit le marquis avec méfiance.

"Sur mon honneur, non."

Le marquis rit aussi et remit son cigare à la bouche. Il le ressortit presque aussitôt. « Ce ne serait pas mal d'avoir un fils », dit-il. "Je veux dire un héritier, tu sais."

"La première étape est donc une épouse, sans aucun doute."

« La plupart des femmes sont tellement ennuyeuses. Pourtant, tu comprends mon sentiment ?

«Je pourrais être à votre place. Pour ma part, je déteste les gamins.

"Ah, tu le ressentiras un jour."

Vane pensait cela plutôt sans détour. « Quand vous a-t-il attaqué ? » demanda-t-il avec un sourire.

– Cet après-midi, répondit gravement le marquis.

L'humour cynique de Vane était chatouillé par le *dénouement* que suggérait cet aveu. « Mon Dieu ! J'aimerais voir le visage de Gerald Neston ! » rit-il, oubliant ses propres desseins dans sa satisfaction.

« Bien sûr qu'elle est... eh bien, une sacrée coquette », dit le marquis.

Vane s'est risqué à une généralisation philosophique. "Toutes les femmes gentilles sont des flirteuses", a-t-il déclaré. "C'est ce que tu veux dire quand tu les appelles gentils."

"Très joli et attrayant, cependant."

"Et les chaussures?"

« Au diable les chaussures ! » dit le marquis.

Le lendemain matin, M. Blodwell et Sidmouth Vane se rendirent à Londres ; mais les journaux de la société rapportaient que le marquis de Mapledurham prolongeait son séjour à Brighton.

CHAPITRE XX.
LES INSTRUMENTS DU DESTIN.

L'ÉTÉ et l'automne allaient et venaient. La saison s'est éteinte longuement et a connu sa lente résurrection. Les tétras et les perdrix, les frayeurs d'automne et les discours de vacances, le rendement des récoltes et le début de la séance ont chacun eu leur tour de faveur auprès du public, et la grande sensation Neston s'est éteinte, galvanisée de temps en temps en un spasme de vie intermittent par M. La batterie persévérante d'Espion. Ses efforts furent vains. Tous les chats étaient sortis de tous les sacs et l'intérêt du public était rassasié. Les acteurs du drame, rentrant en ville, comme la plupart d'entre eux le faisaient en hiver, se retrouvèrent ramenés dans l'obscurité ; leur histoire, autrefois si avidement racontée comme le dernier potin, n'était plus qu'un vieux stock d'ennuis, utile seulement pour régaler les palais les plus jeunes ou les plus provinciaux.

Tout d'un coup, il y a eu un renouveau. Une rumeur, une rumeur piquante, commençait à se murmurer dans les clubs. Les hommes regardèrent à nouveau Gerald Neston, se demandant s'il l'avait entendu, et George, lui demandant comment il le prendrait. M. Blodwell devait protester contre son ignorance vingt fois par jour, et Sidmouth Vane se retranchait dans l'isolement sûr de son appartement officiel. Si c'était vrai, c'était magnifique. Qui savait?

M. Pocklington entendit la rumeur, mais, communiant avec son propre cœur, il garda la langue. Il ne voulait pas troubler la paix qui semblait s'être à nouveau installée dans sa maison. Laura, ayant affirmé son indépendance, avait laissé tomber le sujet ; elle avait été brillante, gaie et docile, avait visité des lieux touristiques, assisté à des divertissements et s'était rendue agréable ; et Mme Pocklington espérait, contre une conviction secrète, que la rébellion non seulement dormait mais était morte. Elle ne pouvait pas s'exiler de Londres ; ainsi, avec une confiance extérieure et une peur intérieure, elle ramena sa fille à la maison en novembre, priant pour que George Neston ne croise pas son chemin, priant aussi, dans son bon cœur, que le temps puisse éliminer la barrière silencieuse entre elle et sa fille, contre laquelle elle s'inquiétait en vain.

Mais certains autres n'avaient pas l'idée de s'en remettre à la main lente et incertaine du temps. Il y avait un complot en cours. George y était, Sidmouth Vane et M. Blodwell ; ainsi que le marquis et un autre dont le nom actuel ruinerait notre profond mystère si on le devinait, cela ne sert à rien. Et juste au moment où Laura devenait triste, et un peu blessée et en colère de ne rien entendre de George, elle eut par hasard une conversation avec Sidmouth Vane, et en sortit, riant, rougissant et extrêmement heureuse, bien que le seul résultat visible de la conversation. » était une invitation pour sa mère et elle-même à se joindre au doux divertissement du thé de l'après-midi dans les appartements de Vane le lendemain. Or, Sidmouth Vane était très fourbe ; il s'appropria, pour ainsi dire, à son propre usage et à son crédit les rougeurs et les rires de Laura, et, lorsque l'invitation arriva, l'innocente Mme Pocklington, sans s'engager dans l'approbation de M. Vane, se réjouit de penser qu'il plaisait à Laura de prendre prendre le thé avec n'importe quel jeune homme autre que George Neston, et tomba dans le piège avec une gracieuse urbanité.

Vane reçut ses invités, M. Blodwell le soutenant. Mme Pocklington et sa fille furent les premières arrivées et Vane s'excusa pour le retard des autres.

« Lord Mapledurham arrive, dit-il, et il a été très occupé ces derniers temps.

«Je pensais qu'il n'était pas en ville», a déclaré Mme Pocklington.

"Il n'est revenu qu'hier."

La porte s'ouvrit et le domestique de Vane annonça en grande pompe : « Le marquis et la marquise de Mapledurham. »

Le marquis s'avança droit vers Mme Pocklington ; puis il prit la main de Neaera et dit : « Vous avez toujours été bonne avec moi, Mme Pocklington. J'espère que vous serez aussi bon envers ma femme.

Cela a été étouffé autant que possible, mais il s'est quand même révélé que, pour cette seule occasion, Mme Pocklington était perdue – elle était, en fait, si le mot est permis, sidérée. Vane faisait malicieusement allusion à des plumes brûlées et à d'autres remèdes extrêmes, et il n'y avait vraiment aucun doute que Laura avait détaché les cordons du bonnet de sa mère.

Neaera resta là, à moitié fière, à moitié effrayée, jusqu'à ce que Laura coure vers elle, l'embrasse et l'appelle la meilleure amie qu'elle ait eu, avec bien d'autres langages émotionnels.

Puis Mme Pocklington revint et prit une tasse de thé et, toujours inconsciemment faisant exactement ce qu'elle était censée faire, elle se dirigea vers le balcon avec le marquis et eut une longue conversation avec lui. À son retour, elle trouva Vane en train de commander une nouvelle théière.

« Mais il faut vraiment y aller », dit-elle. "N'est-ce pas nécessaire, Laura?" Et tout en parlant, elle prit la main de sa fille et la tapota.

« Attendez-vous quelqu'un d'autre, Vane ? » demanda M. Blodwell.

"Eh bien, je l'ai fait, mais il est très en retard."

« Où a-t-il pu être ? demanda Nééra en souriant.

"Oh, je sais où il est", a déclaré Vane. "Il est... il est seulement dans la pièce voisine."

Tout le monde regardait Mme Pocklington et souriait. Elle les regarda tous, et en dernier lieu sa fille. Laura souriait aussi, mais ses yeux étaient impatients et implorants.

"S'il veut du thé, il ferait mieux de venir", a déclaré Mme Pocklington.

Ainsi, la paire de chaussures a fait son travail, donnant encore une autre sensation à la société, faisant de Neaera Witt une grande dame et de Laura Pocklington une femme heureuse, et confirmant toutes les vues les plus sombres de Mme Bort sur l'immoralité de l'aristocratie. Et le marquis et George Neston joignirent leurs têtes et firent confectionner deux délicats petits souliers en or et diamants, et les donnèrent à leurs femmes, en signe et en souvenir des voies du destin. Et Neaera porte la chaussure et vous parlera assez librement de la prison de Peckton.

Toute cette affaire, cependant, a profondément choqué Lord Tottlebury, et Gerald Neston est toujours célibataire. Que ce sort soit une récompense pour les mérites qu'il a déployés, ou un châtiment pour les fautes dans lesquelles il est tombé, que chacun, selon ses préjugés ou son expérience, en décide. *Non nostrum est tantas componere lites.*